新时代智库出版的领跑者

智库 中社

国家智库报告 2023（6）
National Think Tank

"三 农"

农村绿色发展：
理论分析与政策研究

于法稳 包晓斌 等著

RURAL GREEN DEVELOPMENT:
THEORETICAL ANALYSIS AND POLICY RESEARCH

中国社会科学出版社

图书在版编目（CIP）数据

农村绿色发展：理论分析与政策研究/于法稳等著.—北京：
中国社会科学出版社，2023.3
（国家智库报告）
ISBN 978-7-5227-1641-1

Ⅰ.①农…　Ⅱ.①于…　Ⅲ.①农业经济—绿色经济—经济
发展—研究—中国　Ⅳ.①F323

中国国家版本馆CIP数据核字(2023)第050876号

出 版 人	赵剑英
责任编辑	刘晓红
责任校对	周晓东
责任印制	李寡寡

出　　版	中国社会科学出版社
社　　址	北京鼓楼西大街甲158号
邮　　编	100720
网　　址	http://www.csspw.cn
发 行 部	010-84083685
门 市 部	010-84029450
经　　销	新华书店及其他书店

印刷装订	北京君升印刷有限公司
版　　次	2023年3月第1版
印　　次	2023年3月第1次印刷

开　　本	787×1092　1/16
印　　张	14.5
插　　页	2
字　　数	165千字
定　　价	85.00元

前　言

　　本报告是中国社会科学院创新工程 A 类项目"农业农村绿色发展的理论与政策研究"（编号：NFS2018A01）的主要成果之一。该创新项目立项时间为 2018 年，执行周期为 5 年；开始之时，创新团队成员共 7 名，其中首席研究员 2 名，执行研究员 4 人，研究助理 1 名。2018 年立项之后，创新团队成员根据项目设计方案，围绕着所承担的专题开展了系统的文献梳理，并对研究方案进行了进一步的细化，同时设计了相应的调研方案。

　　创新团队开展了系统的调研工作，足迹遍布全国 15 个省（市、区）近 100 个县（市、区、旗），其中包括东部地区的山东省、浙江省、广东省、福建省，中部地区的江西省、黑龙江省、山西省、河南省、湖南省，以及西部地区的重庆市、四川省、云南省、陕西省、内蒙古自治区、西藏自治区。

　　本报告的写作分工如下：张康洁负责第一章，于法稳负责第二章、第三章、第四章、第七章，王宾负责第五章、第六章、第九章、第十一章，包晓斌负责第八章，操建华负责第十章。报告初稿完成之后，于法稳、包晓斌对文稿进行了研读，并对报告各章节的主题及逻辑框架进行了调整，于法稳审阅了全文并补充完善了相关内容。

感谢中国社会科学院科研局对本项目的支持，感谢中国社会科学院农村发展研究所领导对本项目的厚爱，感谢中国社会科学院农村发展研究所办公室、科研处为调研工作、检查考核工作提供的大力支持，感谢财务处为项目经费报销提供的热情周到的服务！感谢上述 15 个省（市、区）农业农村厅、生态环境厅、自然资源厅、水利厅、城乡建设厅等单位的协助，感谢所调研县（市、区、旗）人民政府及相关职能部门的大力支持。

感谢 2018 年以来参加中国社会科学院农村发展研究所创新项目中期考核、年终检查的专家，他们为本项目的研究和本报告的写作提出了宝贵的修改建议。特别感谢中国农业科学院农业资源与区划研究所尹昌斌研究员、农业农村部农村经济研究中心金书秦研究员对本报告提出的修改建议。

摘要：本报告主要包括农村绿色发展科学内涵及评价、农村生态文明建设体系研究、全面推进乡村生态振兴的战略思考、农村人居环境整治的理论问题及政策梳理、农村人居环境整治的国际经验及启示、浙江农村人居环境整治的经验及启示、农村人居环境整治中存在的问题分析、农村人居环境整治提升的路径及政策建议、农村生活污水治理实践创新与政策建议、农村生活垃圾治理实践创新与政策建议、农村"厕所革命"实践创新与政策建议十一部分。第一部分给出了农村绿色发展的科学内涵，构建了农村绿色发展评价指标体系及方法，并从省级层面上对农村绿色发展进行了评价，剖析了农村绿色发展的影响因素。第二部分基于宏观背景，对农村生态建设体系进行了研究。第三部分基于"十三五"时期乡村生态振兴的成就分析，剖析了推进乡村生态振兴中存在的问题，并对"十四五"时期及2035年乡村振兴的目标进行了设定，甄别了重点发展领域，提出了对策建议。第四部分从理论上探索了农村人居环境整治的内在本质及重要理论问题，并对相关政策进行了梳理，明晰相关政策法规的演变特征和内在逻辑机理。第五部分总结了国外发达国家农村生活污水治理、农村生活垃圾处理和农村厕所改造的成功实践，为我国以后开展农村人居环境治理工作提供有益的借鉴和启示。第六部分对农村人居环境整治的浙江经验进行了剖析并探讨了相应的启示。第七部分系统地分析了农村人居环境整治中存在的资金投入、技术标准、人才队伍、管护机制、政策体系等方面的问题。第八部分提出了农村人居环境整治提升的路径和政策建议。第九部分、第十部分、第十一部分则分别从农村生活污水治理、农村生活垃圾处理、农村"厕所革命"等方面分析了实践成效、存在的问题与政策建议。

本报告的逻辑是以农村生态文明建设为总指导，对农村绿色发展进行评价，探索乡村生态振兴的战略，最后聚焦农村人居环境整治领域。改善农村人居环境，是以习近平同志为核心的党中央从战略和全局高度作出的重大决策。农村人居环境整治是实施乡村振兴战略的重要任务，不仅关系到广大农民的健康和根本福祉，而且直接影响全面建设小康社会的进程。因此加快农村人居环境整治，既是实现生态宜居的必然要求，也是实现生态宜居的具体行动。

本报告力求客观分析当前农村人居环境整治的现状，指出当前农村人居环境治理中存在的问题，明确"十四五"时期农村人居环境治理的目标和思路，从"三维度一个统筹"上对"十四五"时期农村人居环境治理提出具体可行且有针对性的对策建议。

关键词：农村绿色发展；农村人居环境整治；农村生态文明；乡村生态振兴

Abstract: This report covers eleven major parts, including the scientific connotation and evaluation of rural green development, the rural green development construction system, strategic thinking on comprehensively promoting rural ecological revitalization, theoretical issues and policy combing of rural human settlements improvement, international experience and enlightenment of rural human settlements improvement, experience and enlightenment of rural human settlement environment improvement in Zhejiang, analysis of problems existing in rural human settlement environment improvement, rural domestic sewage treatment practice and policy suggestions, rural domestic waste treatment practice and policy suggestions, rural "toilet revolution" practice and policy suggestions. Part One brings up the scientific connotation of rural green development, the evaluation index system and methods of rural green development, evaluation of the theory of rural green development from the provincial level, and analyses of the influencing factors of rural green development. Part Two focus on the study of the rural ecological construction system based on the macro background. Part Three, based on the study of the achievements of rural ecological revitalization during the "13th Five-Year Plan" period, analyzes the problems existing in the promotion of rural ecological revitalization, sets the goals of the "14th Five-Year Plan" and 2035 rural revitalization, identifies key development areas, and comes up with countermeasures and suggestions. Part Four theoretically explores the inherent nature and important theoretical issues of rural human settlements improvement, and sorts out relevant policies, clarifying the evolution characteristics and internal logic mechanism of relevant policies and regulations. Part Six analyzes the experience of the improvement of rural human settlements in Zhejiang and discusses the corresponding enlightenment. Part Seven conducts a systematical analyses on the problems of capital investment, technical standards, talent team, management and protection mechanism, and policy system in the improvement of rural human settlements. Part Eight puts forward the path and policy suggestions for improving the rural human settlements environment. Part Nine, Ten and Eleven analyze the practical effect, existing problems and policy suggestions respectively from the aspects of rural domestic sewage treatment, rural domestic waste treatment and rural " toilet revolution".

The logic behind of this report is to take the rural ecological civilization construction as the general guidance, evaluate rural green development, explore strategies for rural ecological revitalization, and eventually focus on the improvement of rural human settlements. Improving the living environment in rural areas is a major decision made by the Party Central Committee with Comrade Xi Jinping from a strategic and overall perspective. As an important task in the implementation of the rural revitalization strategy, the improvement of rural human settlements not only relates to the health and fundamental well-being of farmers, but also directly affects the process of building a well-off society in an all-round way. Therefore, accelerating the renovation of rural human settlements is not only an inevitable requirement but also a concrete action to achieve ecological liveability.

This report strives to objectively analyses the current status of rural human settlements improvement, point outs the problems existing in the current rural human settlements governance, clarify the goals and ideas of rural human settlements governance during the "14th Five-Year Plan" period, and puts forward specific, practical and targeted countermeasures and suggestions for the governance of rural human settlements during the "14th Five-Year Plan" period from the perspective of "three dimensions and one overall plan".

Key words: rural green development; improvement of rural living environment; rural ecological civilization; rural revitalization strategy

目　　录

第一章 农村绿色发展科学内涵及评价

农村绿色发展对全面推进乡村振兴战略、实现人与自然和谐共生、促进中国式现代化建设具有重要意义。近年来，为推动农村绿色发展，国家制定了一系列政策文件，如 2017 年中办、国办出台《关于创新体制机制推进农业绿色发展的意见》，要求"全面建立以绿色生态为导向的制度体系，基本形成与资源环境承载力相匹配、与生产生活生态相协调的农业发展格局"；2021 年发布的《"十四五"全国农业绿色发展规划》指出"到 2035 年，农业绿色发展取得显著成效，农村生态环境根本好转，绿色生产生活方式广泛形成"；2022 年农业农村部等四部委联合印发《"十四五"乡村绿化美化行动方案》，提出"以'保护、增绿、提质、增效'为主线，持续推进乡村绿化美化"。在各界共同努力下，我国农业产地环境持续优化，农村居民清洁能源不断推广，人居环境持续改善。

然而，现阶段我国乡村发展仍面临以下挑战：一是农业化学品高投入、资源高消耗的农业生产方式使农业环境承载力加大、农村生态环境被污染，抑制了农村绿色发展。二是农村绿色低碳生活方式有待进一步推进。受农村居民绿色生活意识和基础条件较薄弱的影响，其清洁能源使用、绿色出行及医疗保障与城镇居民存在较大差距。三是农村人居环境整治水平有待提升。一些地区农村人居环境整治技术模式与本地实际不符，设施无法运营或者效果不佳，不利于创建生态宜居乡村。2022 年党的二十大报告再次明确提出，到 2035 年，"广泛形成绿色生产生活方式"的目标。这使探讨农村绿色发展成为学术界和社会关注的焦点。探明如何构建农村绿色发展体系并科学识别影响农村绿色发展的因素，是当前值得探讨的问题，对进一步弥补乡村发展短板、推动乡村振兴全面实施具有重要的时代意义。

一　农村绿色发展的科学内涵

新时代，农村绿色发展的实质是以贯彻落实绿色发展理念为基础，通过提质增效、资源节约、低碳减排的技术模式或方式，统筹协调乡村发展的经济、社会、环境和生态效益，促进生产、生活和生态等方面全面绿色化，使农业更强、农村更美、农民更富，实现人与自然和谐共生的一种发展过程。

（一）农村绿色发展是以绿色、低碳、健康为导向的发展

农村绿色发展是有效解决农业绿色发展瓶颈的重要方式，是营造良好低碳减排绿色生活的必由之路，是建设宜居宜业和美丽乡村

的内在要求，更是实现农业强国的必然选择。它不仅关注外部环境的绿色化，还要求乡村产业健康发展、居民生活品质提升和生态环境更为适宜。当前，我国促进经济高质量发展和实现共同富裕的短板依旧在农业农村。在保障农业生产力的同时，注重加强保护农业资源和生态环境是农业强国的共同点。实际上，农村绿色发展是农业绿色发展的延伸，既要求合理利用自然资源、提高农产品品质，提升农业绿色发展水平，还要切实保护和改善农村生态和生活环境。这可以促进农业高质量发展、增强居民生计资本和改善乡村人居及自然环境，为实现农业强国弥补短板。

（二）农村绿色发展是经济、社会和生态多目标相统一的发展

农村绿色发展是全面推动乡村振兴战略和促进城乡融合发展的现实要求，是一个长期而艰巨的过程。它涉及农业产业发展、居民衣食住行等生活以及乡村居住环境和生态环境等各个方面，与农村居民的生存息息相关。在新发展阶段，特别是自"双碳"目标提出以来，促进农村绿色发展要注重协调好绿色与发展之间的耦合协调关系，要处理好经济效益、社会效益与生态效益目标的协调统一。此外，从实现目标来看，农村绿色发展的短期目标是促进乡村经济高质量发展，加快社会包容性发展；而其最终目标是保障乡村可持续性，注重发挥乡村功能的可持续，如为当代及后代居民提供农产品供给、居住、生态服务等功能，涵盖乡村经济、社会和环境等方面。

（三）农村绿色发展是多维度相协调的发展

农村绿色发展是一种创新发展的新方式，是实现人与自然和谐共生现代化的必由之路。实现人与自然和谐共生意味着保持生态系统的良性循环，理应尊重、顺应与保护自然，特别是通过改变生产力发展方式和人民群众生活方式，履行保护自然环境和加强环境治理的责任。它主要包括生产的绿色化、生活的绿色化和生态的绿色化等多个维度，是对传统生产方式的变革与升级。生产的绿色化主要是指农业生产发展的提质增效，具体表现在化肥、农药等要素投入，以及劳动生产率、绿色产品供给及单位农业产值等产出方面。生产的绿色化会通过培育绿色化的新业态新模式促进产村融合，强化乡村自我积累和自我发展动力，使乡村发展充满活力。生活的绿色化是乡村居民生活方式的绿色低碳转型，涉及用水用电、清洁能源利用、低碳饮食结构、绿色出行、医疗和住房保障等日常生活的主要方面，这有利于缩小城乡生活差距，提高居民的幸福感、安全感和获得感。生态的绿色化是乡村生态环境质量的改善提升，作为美丽乡村的物质基础，其既包含乡村人居环境的生态宜居，还覆盖大自然生态系统的绿色化，例如，主要涉及乡村"厕所改革"、污水和生活垃圾处理以及废水排放中单位产值农业废物排放、森林覆盖率、自然保护区等。

二　农村绿色发展评价指标体系的构建及研究方法

（一）指标体系构建与数据来源

1. 指标体系构建

基于农村绿色发展的时代内涵，借鉴学术界已有的研究，同时，考虑指标的可获得性、可操作性、科学性和代表性等选取原则，本研究从绿色生产、绿色生活和绿色生态 3 个维度选取 30 个指标构建了农村绿色发展水平评价指标体系（见表 1-1）。本研究立足以上三个子系统构建指标体系，主要考虑是：一方面，从内涵和范畴上讲，农业绿色生产、农村绿色生活和乡村绿色生态组成了农村绿色发展"三位一体"总体格局，从这三个子系统考察农村绿色发展不仅可以最大限度地整合和囊括乡村资源要素，保障乡村系统的完整性和评价的全面性、准确性，还能保证评价指标体系在较广区域乃至全国尺度上的适用性。另一方面，它们与农业农村发展各关键部分密切关联，涉及生产、生活和生态等方面，可以更好地体现各子系统自身绿色低碳发展的特点与特色，符合新时代中国式现代化的本质要求。

表 1-1   农村绿色发展评价指标体系

一级指标	二级指标	指标计算方法	指标属性
绿色生产	农药使用强度	农药使用量/播种面积（千克/公顷）	负向
	化肥使用强度	化肥施用量/播种面积（千克/公顷）	负向
	农膜使用强度	农用塑料薄膜使用量/播种面积（千克/公顷）	负向
	节水灌溉面积占比	节水灌溉面积/实际耕地灌溉面积（%）	正向
	单位农业产值耗水量	农业用水总量/农林牧渔业总产值（立方米/万元）	负向
	单位面积农业机械总动力	农业机械总动力/播种面积（千瓦/公顷）	正向
	耕地复种指数	总播种面积/耕地面积（%）	负向
	林牧渔产值比重	林牧渔总产值/农林牧渔总产值（%）	正向
	单位面积绿色食品标识产品数量	绿色食品标识产品数量/耕地面积（个/千公顷）	正向
	粮食单位面积产量	粮食总产量/粮食播种面积（千克/公顷）	正向
	农业劳动生产率	农林牧渔业总产值/第一产业从业人员（万元/人）	正向
	单位播种面积农业总产值	农业总产值/播种面积（亿元/千公顷）	正向
绿色生活	农村万人均电力消费量	农村总用电量/乡村人口数（亿千瓦时/万人）	负向
	农村万人均生活用水量	乡村人均日生活用水量（吨）	负向
	农村太阳能利用水平	太阳能热水器总面积/乡村人口（平方米/人）	正向
	农村人均沼气占有量	农村沼气总产气量/乡村人口（立方米/人）	正向
	农村低碳饮食结构	（蔬菜、水果消费量）/（肉类、奶制品消费量）（%）	正向
	农村电动助力车数量	农村居民平均每百户电动助力车（辆）	正向
	农村医疗保障程度	每千农村人口村卫生技术人员（人）	正向
	农村住房保障程度	农村居民人均住宅面积（平方米）	正向
	农村人均可支配收入	农村人均可支配收入（元）	正向

续表

一级指标	二级指标	指标计算方法	指标属性
绿色生态	无害化厕所普及率	农村无害化厕所数户数/农村总户数（%）	正向
	污水处理率	乡镇污水处理量/乡镇污水排放量（%）	正向
	生活垃圾处理率	乡镇生活垃圾处理量/乡镇生活垃圾产生量（%）	正向
	单位产值农业氨氮排放率	农业氨氮排放量/农林牧渔业总产值	负向
	单位产值农业化学需氧量排放率	农业化学需氧量COD排放量/农林牧渔业总产值	负向
	绿地率	绿地面积/土地面积（%）	正向
	森林覆盖率	森林面积/土地面积（%）	正向
	人均造林面积	造林面积/乡村人口数（公顷/万人）	正向
	自然保护区面积占比	陆域自然保护区面积/行政区域面积（%）	正向

绿色生产是农村绿色发展的重要基础，主要侧重农业绿色生产、提质增效等方面，分别用化肥农药农膜使用强度、节水灌溉面积占比、单位农业产值耗水量、单位面积农业机械总动力、耕地复种指数、林牧渔产值比重、单位面积绿色食品标识产品数量、粮食单位面积产量、农业劳动生产率和单位播种面积农业总产值等12个指标来衡量。绿色生活是农村绿色发展的内在要求，主要是指农村居民在用水用电、饮食、清洁能源使用和住行等方面向资源节约、绿色低碳转变，并注重生活质量的提升，用农村人均电力消费量和生活用水量、太阳能利用情况、人均沼气占有量、低碳饮食结构、电动助力车数量、医疗和住房保障程度以及人均可支配收入等来测度。绿色生态是农村绿色发展最直观的表现形式，主要体现在农村环境治理与自然生态两大方面，由农村无害化厕所普及率、污水处理

率、生活垃圾处理率以及单位产值农业氨氮排放率、单位产值农业化学需氧量排放率来表征农村环境治理,由绿地率、森林覆盖率、人均造林面积和自然保护区面积占比来表示自然生态环境状况。

2. 数据来源

考虑到数据的可获得性,本研究采用的数据是 2015—2020 年除西藏、港澳台以外的 30 个省份面板数据。并且,农村绿色发展水平测度和影响因素的相关数据主要来源于《中国统计年鉴》、《中国农村统计年鉴》、《中国环境统计年鉴》、《中国水利统计年鉴》、《中国城乡建设统计年鉴》、《中国人口和就业统计年鉴》以及各省份统计年鉴、中国绿色食品发展中心、中国农产品进出口月度统计报告、中国分省份市场化指数报告等。针对部分省份个别年份中数据缺失的情况,主要采用多年平均增长率的插值法进行填补。

(二)研究方法

1. 综合评价模型

此方法是学术界普遍使用、评价结果被广泛认可的一种方法,其评价指标权重不易受主观偏见的影响。因指标数据单位不统一,为消除量纲影响,对农村绿色发展水平评价指标体系的原始数据进行标准化处理。

正向指标标准化:$y_{ij} = a + (x_{ij} - \min x_{ij}) / (\max x_{ij} - \min x_{ij})$

$$(1-1)$$

负向指标标准化:$y_{ij} = a + (\max x_{ij} - x_{ij}) / (\max x_{ij} - \min x_{ij})$

$$(1-2)$$

式中：i、j 分别代表某省份和指标，x_{ij} 是省份 i 第 j 项指标的原始数据，y_{ij} 是其对应的标准化数据，$\max x_{ij}$、$\min x_{ij}$ 各代表省份 i 第 j 项指标的最大值、最小值；a 取值为 0.01，能够使数据标准化后不存在零值，确保计算熵值时对数有意义。为测度农村绿色发展水平，采用熵值法确定各指标权重，具体如下：

$$P_{ij} = Y_{ij} \Big/ \sum_{i=1}^{m} Y_{ij} \ (0 \leqslant P_{ij} \leqslant 1) \tag{1-3}$$

$$H_j = -\left(\frac{1}{\ln m}\right) \sum_{i=1}^{m} p_{ij} \times \ln p_{ij} \tag{1-4}$$

$$F_j = 1 - H_j \tag{1-5}$$

$$W_j = F_j \Big/ \sum_{j=1}^{n} F_j \tag{1-6}$$

式中：P_{ij} 是省份 i 的第 j 项指标的比重，H_j 是第 j 项指标的熵值，F_j 和 W_j 分别为第 j 项指标的差异系数和指标权重。乡村绿色生产、绿色生活和绿色生态三个子系统的综合水平评价模型：

$$U_t = \sum_{j=1}^{n} W_j \times Y_{ij}(t = 1,2,3) \tag{1-7}$$

2. 空间相关性分析

在乡村发展过程中，绿色生产、绿色生活和绿色生态通常具有一定的区域集聚效应，不同省份之间并非独立存在，会受周围省份发展的影响。空间自相关分析包括全局及局部空间自相关，前者可以判断所有空间单位整体相关性，本研究基于全局莫兰指数测度我国农村绿色发展的总体关联程度。全局莫兰指数如下：

$$I = \frac{N \sum_{i=1}^{N} \sum_{j=1}^{N} W_{ij}(x_i - \bar{x})(x_j - \bar{x})}{\sum_{i=1}^{N} \sum_{j=1}^{N} W_{ij}(x_j - \bar{x})^2} \tag{1-8}$$

式中：I 是全局莫兰指数，x_i、x_j 分别为第 i、j 个样本个体观测值，是某省份农村绿色发展水平；N 是省份个数，$\bar{x}$ 是各省份农村绿色发展水平的均值；W_{ij} 代表空间权重矩阵。I 的取值范围是 $[-1，1]$；$|I|$ 值越大，表示空间相关性越高。若 $I>0$，表明整体上具有空间正相关关系；若 $I<0$，则表明存在空间负相关关系。局部莫兰指数不仅可以进一步分析全局自相关的内部特征，还可以测度各省份农村绿色发展水平与邻近省份的关联程度，识别不同局部空间存在的空间关联模式，具体公式如下：

$$I_i = \frac{(x_i - \bar{x})}{S^2} \sum_{j=1}^{N} w_{ij}(x_j - \bar{x}) \tag{1-9}$$

3. 空间计量模型

由于一般线性回归模型没有考虑空间相关性的问题，假设变量之间相互独立，会使进行空间效应分析时产生误差，为此，运用空间面板回归模型研究农村绿色发展的影响因素。

$$y_{it} = \rho W y_{it} + \beta X_{it} + \varepsilon_{it} \tag{1-10}$$

$$y_{it} = \beta X_{it} + \lambda W \varepsilon_{it} + \mu \tag{1-11}$$

$$y_{it} = \rho W y_{it} + \beta X_{it} + \theta W X_{it} + \varepsilon_{it} \tag{1-12}$$

式（1-10）、式（1-11）和式（1-12）分别是空间滞后模型、空间误差模型和空间杜宾模型，式中，y_{it} 是因变量，表示农村绿色发展水平（$Rural\_green$）；i 和 t 分别为地区、时间；X 是自变量，包括人均 GDP（$Pgdp$）、产业结构（$Indust\_struct$）、市场化指数（$Market\_index$）、城镇化率（$Urban$）、城乡二元结构（$Urdual\_struct$）、农村老龄化（$Ruraging$）、财政支农支出（$Agrspendr$）、环境治理强度（*Environ_governa*）、技术创新（*Tech_innovat*）、基础设施建设（*rurhingway*）、农村平均受教育程度（*Ruraleduct*）；*WX* 为影响农村绿色发展水平各因素的滞后项；*W* 为空间权重矩阵；β 和 θ 皆是自变量回归系数，ρ 表示空间邻近单元对农村绿色发展的回归系数；λ 是空间误差相关系数；ε 和 μ 分别为扰动项和随机差。

三　农村绿色发展水平评价结果

（一）农村绿色发展水平时空变化情况

由图 1-1 可知，从国家层面来看，2015—2020 年我国农村绿色发展水平总体呈波动式上升趋势，由 2015 年的 0.314 增加至 2020 年的 0.326，增长率为 3.82%。从分维度层面来看，绿色生产水平呈波动式微降，自 2015 年的 0.336 上升至 2017 年的 0.343，再微降至 2020 年的 0.310，但除 2020 年外，其水平均高于乡村绿色生活。虽然"十三五"时期，我国坚持粮食安全底线思维，持续深入推进化肥、农药减量增效及绿色产品认证等工作，使化肥、农药使用量实现零增长，绿色产品认证数量增加，如 2020 年三大主粮化肥和农药利用率分别为 40.2% 和 40.6%，皆高于 2015 年，但耕地复种指数上升，土地资源利用强度加大，这不利于耕地质量保护与提升，从而在一定程度上抑制了绿色生产水平。绿色生活水平从 2015 年的 0.262 提升至 0.314，增长率是 19.85%，反映出近年来我国乡村绿色生活取得了较快的发展。"十三五"时期以来，我国积极贯彻绿色发展理念，提高乡村居民低碳绿色素养，通过全面推进健康乡村建设、绿色出行、乡村清洁能源建设等行动，大力推广乡村绿色低碳生活方式，极大地提升了农村居民的获得感和幸福感。绿色生态整体呈波动上升趋势，从 2015 年的 0.343 上升至 2020 年的 0.355，增长率达 3.5%。自"十三五"时期以来，国家积极推进乡村人居环境整治工作，加快实施村庄清洁行动，同时注重统筹推进山水林田湖草系统治理，乡村生态化建设取得较大成效。

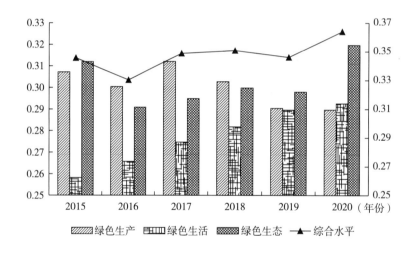

图 1-1　2015—2020 年农村绿色发展情况

从省域层面看，2015—2020 年北京、上海、浙江、江苏和海南 5 省的农村绿色发展水平一直保持在前列（见表 1-2）。这主要是因为，北京全面贯彻新发展理念，坚持"四个中心"城市功能定位，加强调整经济、空间结构，注重加强农业的生态功能，打出农业面源污染综合治理、煤改清洁能源、美丽乡村建设等系列组合拳，促进农村绿色发展；上海、江苏和浙江的农业绿色发展水平较高，在资源节约、生态保育以及经济增长方面保持均衡发展，乡村人居环境和自然资源优势明显，尤其是江浙地区农村人居环境整治工作成效显著；海南加大支持本地特色高效农业高质量发展，推动农业提质增效，且资源能源利用结构趋于绿色低碳，生态文明制度集成创新成效较明显，农村节能减排工作有序开展。

表 1-2　　　　　　　　各省份农村绿色发展情况

省份	2015 年	2016 年	2017 年	2018 年	2019 年	2020 年	均值
北京	0.494	0.486	0.482	0.486	0.483	0.476	0.484
天津	0.370	0.394	0.380	0.356	0.343	0.319	0.360
河北	0.295	0.275	0.293	0.293	0.285	0.304	0.291
山西	0.251	0.223	0.224	0.232	0.228	0.226	0.231
内蒙古	0.274	0.254	0.278	0.279	0.295	0.304	0.281
辽宁	0.286	0.276	0.285	0.288	0.284	0.266	0.281
吉林	0.244	0.236	0.255	0.250	0.254	0.276	0.252
黑龙江	0.209	0.201	0.217	0.221	0.237	0.234	0.220
上海	0.456	0.450	0.450	0.434	0.450	0.496	0.456
江苏	0.439	0.429	0.435	0.420	0.405	0.396	0.421
浙江	0.453	0.448	0.449	0.438	0.410	0.432	0.438
安徽	0.275	0.263	0.268	0.283	0.278	0.286	0.276
福建	0.390	0.386	0.399	0.406	0.390	0.388	0.393
江西	0.297	0.291	0.302	0.307	0.297	0.290	0.297
山东	0.407	0.386	0.393	0.385	0.358	0.355	0.381
河南	0.274	0.258	0.267	0.261	0.253	0.266	0.263
湖北	0.310	0.299	0.309	0.314	0.314	0.314	0.310
湖南	0.278	0.289	0.287	0.293	0.285	0.306	0.290
广东	0.310	0.297	0.294	0.292	0.273	0.286	0.292

续表

省份	2015 年	2016 年	2017 年	2018 年	2019 年	2020 年	均值
广西	0.287	0.271	0.287	0.294	0.284	0.297	0.287
海南	0.418	0.423	0.440	0.453	0.453	0.476	0.444
重庆	0.289	0.282	0.299	0.313	0.319	0.341	0.307
四川	0.301	0.295	0.326	0.322	0.313	0.336	0.315
贵州	0.226	0.204	0.241	0.234	0.231	0.264	0.233
云南	0.290	0.275	0.296	0.297	0.307	0.341	0.301
陕西	0.263	0.242	0.265	0.262	0.260	0.292	0.264
甘肃	0.234	0.215	0.242	0.261	0.262	0.264	0.246
青海	0.250	0.248	0.277	0.297	0.316	0.384	0.295
宁夏	0.268	0.259	0.285	0.298	0.307	0.306	0.287
新疆	0.271	0.249	0.249	0.245	0.246	0.259	0.253
地区均值	0.314	0.304	0.316	0.317	0.314	0.326	0.484
东部地区	0.494	0.486	0.482	0.486	0.483	0.496	
中部地区	0.267	0.257	0.266	0.270	0.268	0.275	
西部地区	0.269	0.254	0.277	0.282	0.285	0.308	

2015—2016 年农村绿色发展水平高于均值的为北京、上海、浙江、江苏、海南、山东、福建、天津 8 个省份，其余省份则均低于均值。2017—2018 年在此基础上增加了四川，至 2019 年新增加了重庆、青海和湖北，但减少了四川。这是由于近年来，重庆注重农业高质量发展，着力打造区域特色产业链，同时积极创建绿色示范村和美丽宜居村庄，逐渐构建起完善的生态保护督察制度及督察体制机制；青海大力创建农业绿色发展先行区，虽农业质量高效发展方面表现不突出，但坚持生态优先、绿色发展，生态环境友好方面十分突出，并注重清洁能源推广，深入开展乡村绿化美化行动以及

天然林保护工程等，使农村绿色生活和绿色生态水平持续提升；湖北美丽乡村建设进展加快，城乡融合发展稳步推进，注重制定村规民约、加强乡土文化教育，着力加快农村居民绿色生活，促进农村实现美丽宜居；四川农村绿色发展虽有所提高，但其产业发展的质量和效益有待提高，存在农产品竞争力弱、乡村生态环境欠账较多、乡村人才短缺等问题。到 2020 年，共有 11 个省份农村绿色发展水平高于均值，相比 2019 年新增四川和云南，而湖北和天津稍微低于均值。可能因为四川针对农村绿色发展中的制约因素，大力推广乡村绿色生活方式，加快农村人居环境整治和生态环境保护，2020 年四川的乡村绿色生活和生态发展水平分别是 0.335 和 0.418，均高于 2019 年；云南乡村绿色生活和绿色生态发展水平显著提高，它们分别由 2015 年的 0.300、0.319 提高至 2020 年的 0.405 和 0.377；而湖北和天津受疫情常态化防控等不稳定因素较多，绿色发展水平可能存在暂时性的波动，乡村绿色生产、绿色生活和绿色生态均衡发展能力有待进一步提高。

此外，从区域层面来看，2015—2020 年我国农村绿色发展水平具有显著的地区差异特征，东部地区>西部地区>中部地区，且东、西部地区之间的农村绿色发展水平差距逐渐缩小，东部地区农村绿色发展水平相对较平稳，由 2015 年的 0.494 增加至 2020 年的 0.496，而西部地区由 2015 年的 0.269 增加至 2020 年的 0.308。这主要是因为西部地区具有推动农村绿色发展的自然禀赋优势，坚持"绿水青山就是金山银山"理念，通过多主体参与、农村产权变革以及生态产品价值实现等多元化路径，将资源优势变为经济优势、生态优势；而东部地区正面临乡村传统产业的转型升级，在农村绿色发展水平提高的前提下，绿色化水平的继续提升仍面临多重壁垒，仍需挖掘农村绿色发展新动能。

（二）农村绿色发展的空间关联性分析

由表1-3可知，2015—2020年我国农村绿色发展水平的全局Moran's I指数皆显著为正，表明农村绿色发展水平具有明显的正向空间自相关，即农村绿色发展在研究期内具有显著的正向空间依赖性。这意味着农村绿色发展水平较高的省份，其周围也具有多个高发展水平的省份；相反地，农村绿色发展水平较低的省份也趋向于同低发展水平的省份相邻。主要的原因是，一方面，相邻省份具有类似的气候、区位和地貌基础，乡村发展易受自然区位等条件的影响，使农村绿色发展的形式具有一定的共性特征。另一方面，当某省份在促进农村绿色发展中形成和总结出典型成功经验模式时，邻近省份会进行学习效仿，使农村绿色发展产生关联现象。

表1-3　　　　2015—2020年全局Moran's I 及相关指数

指数	2015年	2016年	2017年	2018年	2019年	2020年
Moran's I 指数	0.486	0.495	0.430	0.372	0.278	0.204
预期指数	-0.034	-0.034	-0.034	-0.034	-0.034	-0.034
方差	0.123	0.123	0.123	0.123	0.122	0.122
Z得分	4.239	4.292	3.763	3.310	2.565	1.958
P值	0.000	0.000	0.000	0.001	0.010	0.050

由于全局 Moran's I 指数不能反映局部区域空间关联性特征，需引入局部 Moran's I 指数。为进一步明晰各省份农村绿色发展的空间关联及分布特征，本研究选取 2015 年、2017 年和 2020 年进行局部 Moran's I 指数分析。由图 1-2 可知，第一象限 HH 和第三象限 LL 的省份数量分别由 7 个、18 个减少至 4 个和 15 个。上海、江苏、浙江和福建等东部沿海地区省份在三个样本年份内始终是农村绿色发展水平的高值集聚区，而山西、内蒙古、辽宁、吉林、黑龙江、河南、湖北、湖南、广西、贵州、陕西、甘肃、宁夏和新疆等中西部地区大多数省份多在农村绿色发展水平的低值集聚区。可见，当前上海、江苏、浙江和福建等东部沿海地区与大部分中西部地区的农村绿色发展水平呈相反的集聚情况。这主要是由于东部沿海地区具有独特的地理位置和经济发展基础，且农业农村现代化水平较高，乡村生产、生活和生态协调发展成效比较显著；而中西部地区虽大力推进乡村振兴战略，注重加快生态产品价值实现，使部分省份发展水平提高，但受自身区位、发展基础等多种因素的制约，其农村绿色发展综合实力较弱，同东部地区仍有一定差距。

从第二象限 LH 和第四象限 HL 来看，第二象限 LH 的省份相对稳定，而第四象限 HL 的省份数量由 1 个增加至 7 个。安徽、江西、广东等省份位于第二象限，其农村绿色发展水平要低于周围省份，它们与东部沿海地区相邻，如江西相邻浙江、福建，因省份之间并非相互独立的，浙江、福建农村绿色发展水平高可能会吸引江西优质要素资源流入。四川、海南等省份保持在第四象限内，2020 年北京、山东由第一象限变为第四象限，重庆、云南和青海由第三象限变为第四象限。第四象限内省份的农村绿色发展水平高于周边省份，如重庆周边的陕西、贵州等省份处于第三象限 LL，相比它们而言，重庆注重农业节水灌溉技术、绿色产品认证，加快提高乡镇污水和生活垃圾处理率，并积极科学造林。

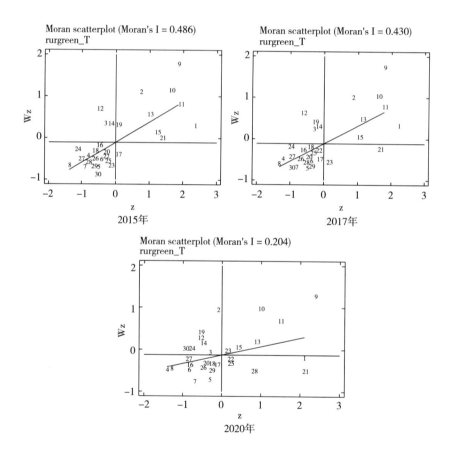

图 1-2　农村绿色发展水平不同类型空间相关性的变化

注：图中数字与省份的对应关系为 1 北京，2 天津，3 河北，4 山西，5 内蒙古，6 辽宁，7 吉林，8 黑龙江，9 上海，10 江苏，11 浙江，12 安徽，13 福建，14 江西，15 山东，16 河南，17 湖北，18 湖南，19 广东，20 广西，21 海南，22 重庆，23 四川，24 贵州，25 云南，26 陕西，27 甘肃，28 青海，29 宁夏，30 新疆。

四 农村绿色发展的影响因素分析

（一）变量选取

借鉴已有研究，选取人均 GDP、产业结构、市场化指数、城镇化、城乡二元结构、农村老龄化、财政支农支出、环境治理强度、技术创新、交通基础设施和农村教育程度作为农村绿色发展水平的影响因素。具体选择依据如下：①人均 GDP（*Pgdp*）表示地区经济发展水平，该值的提高将会促进产业结构、消费结构、生态环境等各方面发生变化，进而会影响农村绿色发展。②产业结构（*Indust_struct*）由第二产业增加值占比来测度，长期以来，我国工业粗放式的发展方式带来的污染问题备受关注，虽工业技术转型升级有所成效，但一些地区在经济发展过程中产生的污染问题仍较大影响着当地农村绿色发展。③市场化指数（*Market_index*）表示市场化整体发展状况，其水平的提高有助于增强经济竞争力和经济运行效率，从而促进发展方式转型升级，特别是伴随中国特色社会主义市场经济体制的深入完善，市场化会推动绿色发展。④城镇化水平（*Urban*）用城镇人口占总人口的比例来测度，城镇化可以对社会资源产生集聚效应，有利于促进产业转型升级、绿色技术推广和绿色生活理念转变，对绿色发展带来显著影响。⑤城乡二元化结构（*Ur-dual_struct*）是以社会化生产为主的城市经济同以小生产为主的农村经济并存的经济结构，此值越高，越会阻碍城乡要素流动，不利于农业劳动要素非农化转移，进而对农村生态环境产生不利影响。⑥农村老龄化（*Ruraging*）表示农村劳动力结构状况，其值越大，说明农村老年人口占比越大，劳动力数量和质量越差，可能不利于推动农村绿色发展。⑦财政支农支出（*Agrspendr*）采用农林水事务支出占比来测度；政府对乡村财政支出越多，越有利于促进乡村公共服务及基础设施完善和生态环境治理的强化，提高乡村生产、生活及生态宜居程度。⑧环境治理强度（*Environ_governa*）通过工业污染治理完成投资额与工业增加值比值来表征，环境治理可以加快相关绿色产业培育，实现经济的绿色发展，环境治理强度的提高能够对绿色发展形成"倒逼"效应。⑨技术创新（*Tech_innovat*）作为现代经济体系的重要推力，可以改善农村生产条件、提高农业生产效率，为农村绿色发展提供技术保障。因专利申请受理量更具有时效性，所以借鉴已有研究，用发明专利申请数量来表征技术创新。⑩交通基础设施（*Rurhingway*）主要用公路密度来反映，乡村道路状况的改善有利于减少市场各主体间交易成本，促进相关主体优化资源配置，激发农村绿色发展新动能，助推乡村包容性发展。此外，农村家庭教育程度（*Ruraleduct*）有利于提升人才素质，加快居民绿色低碳意识的形成，易于参与亲环境行为。其含义及描述性分析见表1-4。

表 1-4　　　　　　　　变量含义及其描述性统计

变量符号	变量含义	平均值	标准差	最小值	最大值
Rural_green	农村绿色发展水平（由综合评价模型计算得出）	0.315	0.073	0.201	0.496

续表

变量符号	变量含义	平均值	标准差	最小值	最大值
$Pgdp$	人均地区生产总值（取对数）	10.941	0.400	10.164	12.009
$Indust\_struct$	第二产业增加值占比（%）	38.455	7.24	15.967	51.215
$Market\_index$	市场化指数	8.179	1.739	4.140	11.490
$Urban$	城镇人口占总人口的比重（%）	61.656	10.921	42.934	89.309
$Urdual\_struct$	城乡二元结构	4.870	2.005	0.928	11.341
$Ruraging$	65岁及以上的农村人口占农村总人口的比重（%）	13.505	3.821	5.812	26.067
$Agrspendr$	农林水事务支出占地方财政一般预算支出比例（%）	11.778	3.600	4.318	20.681
$Environ\_governa$	污染治理投资额/工业总产值	0.301	0.296	0.009	2.616
$Tech\_innovat$	发明专利申请量（取对数）	8.629	10.544	0.924	66.256
$Rurhingway$	人均农村公路面积（取对数）	4.204	0.423	3.386	5.403
$Ruraleduct$	（小学人数×6+初中人数×9+高中人数×12+大学及以上人数×16）/总人数（年）	7.839	0.617	5.878	9.801

（二）实证结果与分析

由前文分析可知，我国农村绿色发展水平存在空间自相关性，相邻省份之间具有空间溢出效应，评价单元已不满足空间相互独立的假说，需要在探究其影响因素时考虑空间因素，采用空间滞后、空间误差或空间杜宾等空间面板模型进行分析。本研究通过 Stata 16.0 软件开展空间计量估计及检验，在进行模型选择时，Hausman 检验结果显示，适合采用固定效应模型；经 LM 检验可知，RLM-error 为 5.244 在 5% 水平下显著，比 RLM-lag 更为显著，应选择空间误差模型；同时，为验证 SDM 模型是否可以退化为 SAR 和 SEM 模型，进行了 Wald 检验和 LR 检验，由表 1-5 可知，选择 SDM 模型更优。此外，由于 Both-Ind 和 Both-Time 的显著性均小于 1%，表示时空双固定效应模型比个体固定效应和空间固定效应模型更合适。同时，考虑到回归结果的稳健性，还列出了 SPDM 随机效应模型、SPAR 个体固定效应和随机效应模型、SPEM 个体规定效应和随机效应模型以及普通面板回归模型的结果（见表1-6）。

表 1-5　　　　　　　　　　　　**Wald 检验和 LR 检验结果**

Wald test	Chi2（11）	Prob>Chi2	检验结果
H0	24.80	0.0098	5%水平下拒绝原假设
H1	27.19	0.0043	5%水平下拒绝原假设
LR test	LR Chi2（11）	Prob>Chi2	检验结果
SAR nested in SDM	25.13	0.0087	5%水平下拒绝原假设
SEM nested in SDM	24.02	0.0127	5%水平下拒绝原假设

由于 SPDM 的回归系数无法直接解释各因素对农村绿色发展的影响和空间溢出情况，参考 Lesage 和 Pace 的做法，分解出其直接效应和间接效应，前者表示本地区自变量对本地区因变量的影响，后者则表示邻近地区自变量对本地区因变量的影响。本研究主要以其分解模型进行影响结果的重点分析（见表1-7）。

表1-6　回归结果及稳健性检验

变量	SPDM		SPAR		SPEM		OLS
	时空双固定效应	随机效应	个体固定效应	随机效应	个体固定效应	随机效应	
	模型（1）	模型（2）	模型（3）	模型（4）	模型（5）	模型（6）	模型（7）
$Market\_index$	-0.0038 (0.0033)	0.0004 (0.0036)	-0.0008 (0.0033)	-0.0001 (0.0035)	-0.0012 (0.0035)	0.00003 (0.0037)	-0.0018 (0.0048)
$Urdual\_struct$	-0.0023* (0.0012)	-0.0024* (0.0013)	-0.0015 (0.0013)	-0.0020 (0.0014)	-0.0015 (0.0013)	-0.0020 (0.0014)	-0.0061*** (0.0019)
$Pgdp$	0.0392 (0.0452)	0.0761** (0.0313)	-0.0599** (0.0277)	-0.0274 (0.0268)	-0.0551* (0.0286)	-0.0053 (0.0316)	0.1739*** (0.0199)
$Urbanrate$	0.0037** (0.0018)	0.0002 (0.0012)	0.0035** (0.0017)	0.0038*** (0.0013)	0.0038** (0.0018)	0.0036*** (0.0014)	-0.0015* (0.0008)
$Ruraging$	-0.0010 (0.0012)	-0.0012 (0.0013)	-0.0009 (0.0009)	-0.0014 (0.0010)	-0.0011 (0.0010)	-0.0018 (0.0011)	-0.0013 (0.0011)
$Ruraleduct$	0.0226*** (0.0077)	0.0044 (0.0081)	0.0064 (0.0080)	0.0034 (0.0083)	0.0069 (0.0083)	0.0046 (0.0086)	-0.0163** (0.0072)
$Agrspendr$	0.0027** (0.0011)	0.0006 (0.0012)	0.0024** (0.0012)	0.0012 (0.0012)	0.0022* (0.0012)	0.0006 (0.0013)	-0.0022 (0.0017)
$Inrurhighway$	0.0755*** (0.0208)	0.0334** (0.0157)	0.0667*** (0.0217)	0.0075 (0.0184)	0.0618*** (0.0215)	0.0039 (0.0177)	-0.0412*** (0.0119)
$Second\_indust$	-0.0014 (0.0012)	-0.0013 (0.0008)	0.0018* (0.0011)	0.0012 (0.0010)	0.0016 (0.0011)	0.0009 (0.0010)	-0.0032*** (0.0007)

续表

变量	SPDM		SPAR		SPEM		OLS
	时空双固定效应	随机效应	个体固定效应	随机效应	个体固定效应	随机效应	
	模型（1）	模型（2）	模型（3）	模型（4）	模型（5）	模型（6）	模型（7）
$Invent\_patentapp$	0.0016*** (0.0005)	0.0007 (0.0005)	0.0011** (0.0005)	0.0011** (0.0005)	0.0012** (0.0005)	0.0011** (0.0005)	0.0001 (0.0006)
$Environ\_governa$	-0.0206*** (0.0052)	-0.0195*** (0.0059)	-0.0196*** (0.0054)	-0.0179*** (0.0059)	-0.0201*** (0.0054)	-0.0188*** (0.0060)	0.0254** (0.0128)
常数项		0.1583 (0.3550)		0.2149 (0.2091)		0.0847 (0.2488)	-0.9958*** (0.2006)
$Market\_index\_W$	-0.0067 (0.0059)	0.0021 (0.0063)					
$Urdual\_struct\_W$	-0.0022 (0.0020)	-0.0017 (0.0021)					
$Pgdp\_W$	-0.1651* (0.0898)	-0.0491 (0.0438)					
$Urbanrate\_W$	0.0068* (0.0039)	0.0050** (0.0020)					
$Ruraging\_W$	0.0004 (0.0023)	-0.0009 (0.0019)					
$Ruraleduct\_W$	0.0098 (0.0167)	-0.0374** (0.0145)					

续表

变量	SPDM		SPAR		SPEM		OLS
	时空双固定效应	随机效应	个体固定效应	随机效应	个体固定效应	随机效应	
	模型（1）	模型（2）	模型（3）	模型（4）	模型（5）	模型（6）	模型（7）
$Agrspendr\_W$	0.0072*** (0.0024)	-0.00005 (0.0022)					
$Inrurhighway\_W$	0.0753 (0.0478)	-0.1077*** (0.0277)					
$Second\_indust\_W$	0.0001 (0.0028)	0.0036** (0.0016)					
$Invent\_patentapp\_W$	0.0002 (0.0011)	-0.0013 (0.0009)					
$Environ\_governa\_W$	0.0047 (0.0119)	0.0100 (0.0123)					
rho（$lambda$）	-0.2275** (0.1134)	0.1602* (0.0930)	0.1820** (0.0841)	0.2382*** (0.0871)	0.2087** (0.1037)	0.3119*** (0.1126)	
$R-squared$	0.2493	0.3544	0.3319	0.2743	0.3201	0.2424	0.6963
LogL	552.8792	459.3643	524.3015	436.0305	523.9341	435.9526	

注：***、**和*分别表示1%、5%和10%的显著性水平；括号内为标准误，下同。

表 1-7　　回归模型的直接效应、间接效应和总效应

变量	SPDM 双固定效应			SPAR 随机效应		
	直接效应	间接效应	总效用	直接效应	间接效应	总效用
Market_index	-0.0035 (0.0035)	-0.0047 (0.0055)	-0.0082 (0.0054)	0.00001 (0.0037)	-0.00004 (0.0012)	-0.00003 (0.0049)
Urdual_struct	-0.0023* (0.0012)	-0.0016 (0.0017)	-0.0039** (0.0019)	-0.0021 (0.0014)	-0.0006 (0.0005)	-0.0027 (0.0018)
Pgdp	0.0528 (0.0450)	-0.1479* (0.0817)	-0.0950 (0.0751)	-0.0251 (0.0262)	-0.0075 (0.0093)	-0.0326 (0.0346)
Urbanrate	0.0033* (0.0018)	0.0048 (0.0033)	0.0081** (0.0033)	0.0037*** (0.0012)	0.0011* (0.0006)	0.0048*** (0.0016)
Ruraging	-0.0011 (0.0012)	0.0006 (0.0020)	-0.0004 (0.0019)	-0.0014 (0.0009)	-0.0004 (0.0004)	-0.0019 (0.0012)
Ruraleduct	0.0226*** (0.0077)	0.0052 (0.0156)	0.0278* (0.0154)	0.0036 (0.0081)	0.0012 (0.0028)	0.0047 (0.0107)
Agrspendr	0.0023** (0.0011)	0.0057*** (0.0022)	0.0080*** (0.0023)	0.0012 (0.0013)	0.0003 (0.0004)	0.0016 (0.0016)
Inrurhighway	0.0720*** (0.0211)	0.0515 (0.0419)	0.1235*** (0.0470)	0.0066 (0.0189)	0.0023 (0.0066)	0.0089 (0.0251)
Second_indust	-0.0014 (0.0011)	0.0003 (0.0026)	-0.0010 (0.0026)	0.0012 (0.0009)	0.0004 (0.0003)	0.0016 (0.0012)
Invent_patentapp	0.0016*** (0.0005)	-0.0002 (0.0009)	0.0014 (0.0012)	0.0011** (0.0005)	0.0004 (0.0003)	0.0015** (0.0008)
Environ_governa	-0.0212*** (0.0050)	0.0083 (0.0100)	-0.0129 (0.0106)	-0.0183*** (0.0059)	-0.0053* (0.0029)	-0.0236*** (0.0077)

人均 GDP 对农村绿色发展无直接影响，但在 10%水平对农村绿色发展具有负向间接效应，表明邻近地区人均 GDP 对本地区农村绿色发展产生了消极影响。主要的解释是，邻近地区人均 GDP 的提高会吸引人力等要素资本的流入，与本地区形成资源竞争，从而对本地区农村绿色发展产生一定的抑制作用。产业结构对农村绿色发展无显著的直接和间接效应。可能的原因是，第二产业实现产业转型升级需要一定的时间，但当前其正处于产业转型升级的发展阶段，

仍有一定的产业结构矛盾需要解决，暂时尚未对农村绿色发展带来明显的影响。市场化对农村绿色发展无显著的直接影响和间接影响。可能的原因是，当前在国内外形势复杂多变的情况下，加之乡村的特殊性，市场化程度还尚未对农村绿色发展产生显著影响，需要进一步应对农村绿色发展中遇到的新挑战与机遇，加快推动市场发展。城镇化在10%水平下对农村绿色发展具有正向影响，但无间接作用，表明城镇化水平的提高会促进本地区农村绿色发展。这是因为绿色低碳发展是城市化的必然选择，城镇化的提升有助于形成绿色发展技术体系，以改善城市功能结构、加快自然生态环境修复，促进城乡协调发展，进而带动农村绿色发展。城乡二元化结构在10%水平下对农村绿色发展产生负向影响，但在统计学意义上对农村绿色发展无显著间接作用，表示城乡二元化结构会抑制本地区农村绿色发展，且不存在空间溢出效应。原因在于，城乡二元结构的提高会增加我国经济结构的矛盾，会阻碍城乡协调发展、农民市民化等，不利于促进农村发展。农村老龄化在直接和间接效应上均无显著影响。可能的解释是，农业农村发展已有的积累效应有效地抵消了老化效应；伴随着乡村信息技术和机械化水平的提高，农村老龄化产生的抑制作用尚未充分显现。

财政支农支出分别在5%和1%水平下对农村绿色发展具有正向的直接和间接效应，表明财政支农支出不仅会促进本地区农村绿色发展，还具有显著的空间溢出效应。主要原因是，财政支农支出在本地区农村绿色发展初期具有明显的基础性促进作用，同时各省份在财政支农政策取向上具有一致性，彼此相互学习与借鉴，能够产生积极的外部性，为农村绿色发展提供了重要支撑。环境治理程度在1%水平下对农村绿色发展具有负向的直接效应，但无空间溢出效应，这说明环境治理对农村绿色发展具有潜在的不利影响，但这并非表明环境治理程度的增加会不益于促进本地区农村绿色发展，而是环境污染治理依然任重而道远，虽国家已加强对环境污染的整治，但当前地方政府对于环境治理的全面性和投入度相对较弱，产业发展带来的污染效应大于环境保护的治理效应，今后各省份应进一步加强环境治理力度，将环境产生的负向影响转为正向效应。技术创新在1%水平下对农村绿色发展具有直接效应，但无显著的间接效应，说明技术创新可以促进本地区农村绿色发展水平的提高。主要是因为，技术创新可以通过加快产业绿色转型升级，助推生产环节中采用先进技术、增强生产智能化水平，提升要素资源生产率以及加强环境污染治理、资源循环利用和降低碳排放等，进而促进绿色发展。交通基础设施在1%水平下对农村绿色发展产生直接效应，但无显著的间接效应，表明乡村交通基础设施的改善仅有助于促进本地区农村绿色发展水平的提升，而地区溢出效应尚未显现。这是因为，交通基础设施的完善能够减少交易成本，推动经济发展和劳动力转移就业，有利于带动本地区农村收入和医疗条件的改善，进而激励农村绿色发展。农村居民受教育程度在1%水平下对农村绿色发展水平具有积极的直接效应，但无显著的间接效应，表明农村居民受教育程度可以促进本地区农村绿色发展。主要的原因是，农村居民受教育程度的提高，会提升农村居民绿色低碳素养，有助于农村居民采用绿色低碳的生产生活方式，以及塑造亲环境行为黏性，进而推动农村绿色发展。

五　研究结论与政策建议

本研究基于我国 30 个样本省份 2015—2020 年的面板数据，在科学阐释农村绿色发展内涵、构建农村绿色发展指标体系的基础上，测度了农村绿色发展水平及其时空变化特征，并进一步运用空间面板模型研究了影响农村绿色发展的关键因素。

（一）研究结论

研究结果表明：2015—2020 年我国农村绿色发展水平整体呈上升趋势，其中农业绿色生产水平呈略降趋势，而绿色生活水平增长较明显，绿色生态则与农村绿色发展整体变化趋势相一致。从地域层面来看，东部地区的农村绿色发展水平高于中西部地区，其中2015—2020 年，北京、上海、浙江、江苏和海南 5 省市的农村绿色发展水平一直保持在前列。从空间关联性来看，研究期内农村绿色发展具有显著的正向空间相关性，且存在空间集聚特征，HH 聚集区主要分布在东部沿海，LL 集聚区主要分布在中西部地区，空间格局变化主要发生在 HH、LL 和 HL 集聚区。从影响因素来看，城乡二元结构、交通基础设施和环境污染治理不仅对本地区农村绿色发展水平具有显著的影响，还会产生空间溢出效应；城镇化率、农村家庭受教育程度、农业财政支出、技术创新则显著促进本地区农村绿色发展而无空间溢出效应；人均 GDP 仅有显著的空间溢出效应。

（二）政策建议

基于以上研究结论，为进一步促进农村绿色发展，提出以下政策建议。

第一，坚持底线思维，加快推动乡村绿色生产。首先，注重耕地资源质量保护，降低土地资源利用强度。针对耕地复种指数高而抑制绿色生产的情况，应根据各地实际情况，加快推广免耕、深耕、种植绿肥以及施用有机肥、测土配方施肥等耕地质量保护措施。其次，持续加快农业化学品、农用薄膜等投入减量化、清洁化。虽近年来，化肥、农药施用量持续减少，但与世界平均水平仍有一定差距，应进一步从产品替代、绿色生产技术采纳以及农膜回收等方面，促进农业绿色生产。最后，加大绿色有机农产品认证，提高优质农产品市场竞争力。深入推动农业生产"三品一标"工作，在保障农产品产量的基础上，提高农产品质量，并通过健全优质农产品市场机制，促进实现优质优价。

第二，多措并举促进乡村绿色生活和绿色生态发展。一方面，进一步提高乡村绿色生活水平。推动农村太阳能、沼气、光伏等新能源替代，减少农村生活煤炭使用量；深入落实新能源汽车下乡行动，推动农村居民选择绿色低碳的出行方式；培养农村居民节水节电意识，开展农村健康膳食引导宣传，推动居民形成低碳健康饮食习惯和饮食偏好。另一方面，全面推进农村人居环境整治工作，持续推动山水林田湖草沙一体化治理。尊重农村居民现实意愿，加快提高农村污水治理率，全面健全农村人居环境整治的建管护维长效机制，不同发展模式要因地制宜地推广使用；还应提高农村居民亲环境行为，积极引导全民参与生态环境保护。

第三，坚持因地制宜、分类施策，着力巩固农村绿色发展基础。一方面，注重地区差异，充分考虑时空因素。不同地区的农村绿色发展资源优势具有差异性，加之，受自然、地理区位及生活习惯等客观因素的制约，各省份在发挥自身特色优势的同时，更应分阶段地制订中长期农村绿色发展规划，加强顶层设计。另一方面，着力弥补短板，注重乡村绿色生产生活生态协调发展。对于绿色生活和绿色生态发展水平高的地区而言，应进一步推动绿色生活、绿色生态发展，通过加快农业绿色技术推广体系、现代化产业经营体系和绿色生产政策体系，加快化肥，农药减量化，强化优质农产品价值实现；对于绿色生产水平高的地区而言，需要在保障绿色生产的基础上，加快推广节水节电、绿色出行、低碳饮食等绿色低碳的农村生活方式，同时，针对高寒省份加快研发适宜性的农村污水治理和无害化厕所模式。

第四，注重空间关联性，激活农村绿色发展多元动能。一方面，基于同质区域关联性，注重发挥空间辐射带动效应。对于地理区位、发展条件相似的同类省份而言，农村绿色发展水平较低的省份应主动向农村绿色发展水平高的省份学习和借鉴，同时，挖掘自身发展特色和亮点。另一方面，各省份应该在促进经济稳健发展的同时，不断加快城乡协调发展，探索制定推动乡村发展的财政优惠政策，加快技术创新、提升科学技术普及率，以及提高农村家庭受教育程度，有序激活农村绿色发展的内生和外源动力。

第二章 农村生态文明建设体系研究

　　"十四五"时期是开启全面建设社会主义现代化国家新征程的第一个五年，是向第二个百年奋斗目标进军的起步阶段，也是污染防治攻坚战取得阶段性胜利、继续推进美丽中国建设的关键时期。《中华人民共和国国民经济和社会发展第十四个五年规划和 2035 年远景目标纲要》（以下简称《纲要》）将"生态文明建设实现新进步"作为"十四五"时期经济社会发展主要目标之一。

　　农村生态文明建设是我国生态文明建设的重要组成部分，关乎乡村振兴，关乎农业农村现代化。习近平总书记高度重视农村生态文明建设，多次作出重要指示、提出明确要求。新发展阶段，迫切需要将新发展理念，尤其是绿色发展理念贯穿融入农业农村发展的全过程，以绿色发展、清洁生产、低碳生活为导向，健全工作体制机制和考核评价体系，统筹经济高质量发展和生态环境高水平保护，协同推进农业农村生态建设、环境保护和污染治理等，推动形成绿色生产生活方式，构建农村生态文明建设体系，建设生态宜居美丽乡村，实现乡村生态振兴。

对照我国生态文明建设总体部署和目标要求，我国农村生态文明建设还存在诸多短板和弱项。新发展阶段，农村生态文明建设战略性、紧迫性、艰巨性更加凸显。为此，迫切需要构建农村生态文明建设体系，以提升农村生态文明建设成效，更好地满足人民日益增长的美好生活需要。

一 新发展阶段农村生态文明建设的重要意义

农村生态文明建设不仅是我国生态文明建设战略的重要组成部分，也是乡村振兴战略的重要内容，体现了社会经济发展远景目标的根本要求。

（一）生态文明建设战略的重要组成部分

党的十八大报告把生态文明建设放在突出地位，并纳入社会主义现代化建设"五位一体"的总体布局，进一步强调了生态文明建设的地位和作用；将生态文明建设摆在全局工作的突出位置，全面加强生态文明建设，进一步昭示了中国共产党加强生态文明建设的意志和决心。习近平总书记多次强调指出，"要保持加强生态文明建设的战略定力"。党的十八大以来，我国生态文明建设取得了显著成效，但在农业农村方面依然面临诸多挑战，仍需持续发力、久久为功，以满足人民日益增长的美好生活需要。农村生态文明是我国生态文明战略的重要组成部分，在新发展阶段，农村将成为我国生态文明建设的主战场。

（二）社会经济发展远景目标的根本要求

《纲要》指出，到 2035 年"广泛形成绿色生产生活方式，碳排放达峰后稳中有降，生态环境根本好转，美丽中国建设目标基本实现。"当前，气候变化引发极端天气出现的频率不断加快，导致灾害范围不断扩大、灾害程度不断加深；国际政治形势不稳定因素依然存在，局部战争引发全球和平发展处于危机之下；始于 2020 年年初的新冠疫情短期内难以彻底控制，由此对我国社会经济发展造成较大影响。在此背景下，农村生态文明建设将面临更加严峻的挑战。新发展阶段，加强农村生态文明建设，对稳住农业基本盘、做好"三农"工作，接续全面推进乡村振兴，确保农业稳产增产、农民稳步增收、农村稳定安宁具有重要意义。

（三）全面推进乡村振兴战略的重要内容

农业农村农民问题是关系国计民生的根本性问题，党中央始终把解决好"三农"问题作为全党工作的重中之重。党的十九大报告指出，实施乡村振兴战略，要坚持农业农村优先发展，按照产业兴旺、生态宜居、乡风文明、治理有效、生活富裕的总要求，建立健全城乡融合发展体制机制和政策体系，加快推进农业农村现代化。明确了实施乡村振兴战略到 2020 年、2035 年、2050 年的目标任务，以及产业振兴、人才振兴、文化振兴、生态振兴、组织振兴等战略重点。统筹谋划，科学推进，最终实现乡村全面振兴，农业强、农村美、农民富全面实现。因此，农村生态文明建设是乡村振兴战略的重要内容，也是实施乡村振兴战略的重要抓手。

（四）促进农业绿色转型发展的必然选择

党的十九大报告指出，中国特色社会主义进入新时代，我国社会主要矛盾已经转化为人民日益增长的美好生活需要和不平衡不充分的发展之间的矛盾。在农业生产领域，突出表现为消费者对优质安全农产品日益增长的需求与供给不充分之间的矛盾。当前，生态优先、绿色发展已成为时代主旋律，日益旺盛的生态产品需求，特别是对优质安全农产品需求，迫切需要农业绿色转型发展，提高绿色、优质、营养、健康农产品的供给能力。同时，健康中国战略也对农业绿色转型发展提出了根本要求。为此，必须加强农村生态文明建设，保护和改善农业生产环境质量，提升农业生态系统健康水平，为农业绿色转型发展奠定高质量的环境基础，确保农业生态产品的品质，以满足人民日益增长的美好生活需要。

（五）建设生态宜居美丽乡村的重要保障

习近平总书记高度关注生态宜居美丽乡村建设，并多次作出重要指示批示。2021 年，中共中央办公厅、国务院办公厅印发了《关于推动城乡建设绿色发展的意见》。该文件指出，打造绿色生态宜居美丽乡村，按照乡村振兴战略的总要求，以持续改善农村人居环境为目标，建立乡村建设评价机制，探索县域乡村发展路径。这为打造生态宜居美丽乡村指明了方向，提供了政策保障。农村生态文明建设在注重农村生态环境保护、农业生产环境改善的同时，也高度关注农村人居环境整治提升。因此，农村生态文明建设为生态宜居美丽乡村建设提供了重要保障。

总体上来讲，农村生态文明建设体系涵盖了四个方面，即一个明确的目标体系、一个详尽的措施体系、一个有效的支撑体系、一个系统的保障体系，如图2-1所示。

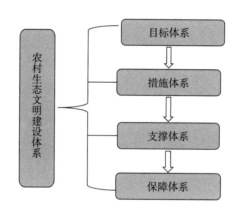

图2-1 农村生态文明建设体系的概念模型

二 农村生态文明建设的目标体系

农村生态文明建设既是实施乡村振兴战略的根本要求，也是实现共同富裕的重要举措。目标体系是农村生态文明建设的根本所在，是实现乡村生态振兴的核心内容，涵盖了生态、生产、生活三个领域，可以概括为以下"五个全面"。

（一）全面提高农村水土资源质量

农村水土资源是最基本的生产要素，需正确处理水土资源保护与农村经济发展之间的关系，明确农村水土资源保护的重点任务，加强水土资源管理，实行资源节约利用，提高资源利用效率，降低资源利用强度，严格控制耕地占用和水资源过度开发利用，确保农业水土资源的数量与质量安全，提高资源利用效益。

推行农村水土资源保护工程建设。在全国范围内分区开展土壤改良、地力培肥和养分平衡，防止耕地退化，实施耕地质量保护与提升行动。在水土流失严重、坡耕地集中地区，实施水土保持与坡耕地改造行动。在西北地区、东北地区西部、黄淮海地区等区域，改造升级现有灌溉设施，实施高效节水行动。在水资源过度开发地区，实施地表水过度开发和地下水超采区治理行动。

坚守耕地红线、水资源红线和农村生态保护红线，完善水土资源保护制度。加强农村水土资源保护的组织创新，建立农村节水节地目标责任制，实行最严格的资源管理制度考核，完善水土资源督察和责任追究制度，将水土资源保护作为约束性指标纳入政绩考核，组织编制水土资源资产负债表。严格落实属地管理主体责任，制订责任清单，确保制度执行和责任落实到位。培育专业化工程养护公司、农民用水合作组织等服务主体，鼓励企业和农民参与水土资源管理，进一步提高农村水土资源利用的管护水平。

（二）全面提升面源污染防治成效

农业面源污染已成为农村地区环境污染的主要来源，既对农村环境带来严重的外部影响，也加剧了土壤和水体污染风险。为有效控制农业面源污染，应实行农业产地环境保护，坚持源头治理，从根本上消除污染源；防控工业和城镇污染向农村转移，禁止未经处理达标的工业和城镇污染物进入农田和养殖区。

构建农业面源污染防治机制，强化农村环境风险管控，加大对污染农村环境行为的处罚力度。将农业面源污染防治经费列入地区财政预算，增加农业面源污染防治投入。培育新型农业面源污染防治主体。在现有农机合作社、病虫害统防统治组织的基础上，培育农业面源污染防治服务组织，鼓励新型防治主体开展有机肥生产、病虫害统防统治、农用薄膜回收利用、农作物秸秆资源化利用、畜禽养殖粪污无害化处理等方面的服务。

强化农业面源污染防治监管，健全投入品管理制度、农产品生产销售记录档案制度、农产品日常巡查检查制度，加强农业生产中各个环节的监管。开展企业污染排查整治，阻断污染物进入耕地的链条。聚焦化肥、农药、农用薄膜、添加剂、抗生素等问题，深化专项整治，严厉打击经营假劣农资违法行为。实行农产品质量安全例行监测和监督抽查，定期对农田、果菜、茶园等开展监测和抽查，对农民专业合作社、龙头企业等进行监督检查，建立农产品产地环境监测预警机制。

（三）全面推动农业绿色低碳发展

推行农业绿色生产方式，按照农业绿色发展产地环境安全、生产过程安全、产品质量安全的要求，制定与产地环境、投入品、产中产后安全控制、作业机械和工程设施、农产品质量等相关的农业技术标准。建立农产品生产管理规章制度，制定农产品生产技术操作规程，完善农业生产标准体系。选育推广绿色优质、适应性强并且具有多种病虫害抗性、适宜全程机械化的作物品种，推广节肥、节药、节水等技术。合理调整施肥结构，优化配置肥料资源，推广测土配方施肥，鼓励使用有机肥、生物肥料和绿肥等。推广高效低毒低残留农药、生物农药和先进施药机械，实行病虫害统防统治和绿色防控。推进绿色农产品、有机农产品的产地认定与产品认证，完善农产品质量认证体系，增加优质安全农产品供给。

推进农业绿色低碳发展，改进农业发展方式，实施种养业循环发展。实行化学投入品的减量化、废弃物资源化利用，统筹农业资源与农副产品循环利用。以秸秆资源化利用、农用薄膜回收利用等为重点，实现农业废弃物资源化利用。实施太阳能、沼气等清洁能源工程，实现产气、积肥同步，种植与养殖相结合，提高农村资源利用率。探索推行"经营主体上交、专业化组织回收、生产企业回收"等农业废弃物回收利用机制。在农业废弃物收储环节，实施"谁生产，谁回收"的责任延伸制度和"谁收储，补偿谁"的扶持政策；在废弃物加工利用环节，实施按量补贴制度；在加工产品销售环节，落实即征即退的税收优惠政策。

（四）全面普及农村绿色生活方式

加强农村公共服务建设，激励村民参与乡村环境治理的主动性，明确维护村庄公共环境的责任，提高环境卫生意识，引导村民做好家庭环境卫生。树立绿色生活理念，倡导绿色生活方式，鼓励村民自觉采用节能、节水、废弃资源回收利用等措施。完善新型乡村社区关系，发挥乡村社区服务的基本管理职能，由村委会组织开展村庄公共环境整治活动，鼓励村民积极投工投劳。开展农户庭院自清行动，确保村庄街头巷尾清洁畅通、房前屋后干净整齐、村容村貌美化。

以自然村落为基础，建立农村公共环卫体系，推行适合农村分散起居的厨卫系统，支持使用清洁能源和可再生能源。保护传统村落和乡村特色风貌，对历史文化名村、传统村落以及少数民族特色村寨、民居等进行重点保护，以保留具有浓郁地方特色和乡土风情的人文景观。加强农户庭院绿化美化，改善室内生活环境，建设生态宜居美丽乡村。

引领村民生活方式和价值观念的转变，提升思想道德水平和文明意识。鼓励村民绿色消费和绿色行为，培育健康环保的生活习惯，形成节约、适度、健康的绿色生活方式。加强乡村社区文化建设，培育生态文明风尚，增强农民的获得感和幸福感。

（五）全面改善农村人居环境质量

新发展阶段，农村人居环境整治提升要突出农村生活污水和生活垃圾处理、农村卫生厕所改建、村容村貌改善等重点任务，针对农村人居环境的短板和弱项，加强农村基础设施建设，从推动乡村环境干净整洁向美丽宜居升级，全面提升农村人居环境质量，为农民群众创造良好的生活环境。

全面实行农村生活垃圾就地分类和源头减量，开展农村生活垃圾收运处置体系建设，推进农村生活垃圾资源化利用。及时清扫收运村庄公共区域垃圾，实行生活垃圾定点堆放，有条件的地方要尽量做到生活垃圾日产日清，对无法及时清运的生活垃圾实施封闭管理。对垃圾储运设施设备要及时消毒，确保卫生安全。因地制宜开展农村生活污水处理设施建设，加快消除农村黑臭水体，健全农村生活污水处理标准及技术规范。因地制宜推进农村厕所革命，强化农村厕所无害化改建，推广农村卫生厕所改建和生活污水处理相结合的模式，保障厕所革命能够发挥实效。保持农村公厕干净整洁，增加清洁频次和消毒次数。切实加强农村厕所粪污的处理管控，减少粪污传播疫病的隐患。

随着城镇化进程加快，乡村人口持续减少，需要实行村庄整合，强化乡村环境卫生设施建设，推动生活污水和垃圾处理应注重与当地自然条件和农村社会经济发展水平相适应，突出农村人居环境整治提升实效，避免建设形象工程。在村庄成立以村民为主的人居环境监管小组，监督生活污水处理、垃圾收集和清运、卫生厕所建造、道路清洁、家庭卫生、庭院美化等，针对发现的问题，提出具体的改进措施。建立农村人居环境整治提升的长效管护机制，落实村庄保洁制度，明确管护责任主体，强化村庄日常保洁管理，提升农村人居环境的管护水平。

三　农村生态文明建设的措施体系

生态文明建设是人与自然和谐发展的必然要求，农村生态文明建设则是推动农村发展、农业升级、农民转型的行动指南，是引领农村迈向新时代的前进动力，是全面推进乡村振兴的重要内容。在上述目标体系之下，确立了农村生态文明建设的措施体系。

（一）重视生态安全体系建设

加强农村生态文明建设需要因地制宜、强化统筹意识，坚持规划先行、合理布局。

一是坚持绿水青山就是金山银山理念，强化农村生态文明建设规划引领。注重总体规划、专项规划、建设规划之间的有机衔接，建立健全功能清晰、精简高效的现代农业农村规划体系，把农村生态文明建设放在重要位置；统筹县域城镇和村庄规划建设，以综合分析村庄地理区位、生态环境、村民意愿为基础，合理优化村庄布局、明确村庄分类；加快推进省市县落实主体功能定位，促进经济社会发展、城乡、土地利用、生态环境保护等规划"多规合一"。

二是优化国土空间开发格局。要坚定不移地实施主体功能区战略，健全空间规划体系，科学合理布局和整治乡村生产、生活、生态"三生"空间。坚持底线思维，严格遵守永久基本农田保护红线、生态保护红线和城镇开发边界以及各类海域保护线划定范围，全面落实最严格的生态环境保护制度、耕地保护制度和最严格的节约用地制度，聚力守住国家粮食安全底线、守住不发生规模性返贫底线。深入推动美丽乡村建设，构建绿色低碳的生产生活方式和建设运营模式，强化乡村生活空间的人性化、多样化和现代化。严格保护生态空间，筑牢生态安全屏障，加强自然和海洋生态空间保护，构建优质陆海生态安全格局。此外，立足新发展格局，深入推进城乡协调发展，持续促进产业、人口及各类生产要素合理流动和高效集聚，激发乡村发展新活力，挖掘乡村振兴新优势。

（二）加强生态产业体系建设

牢固树立和践行绿水青山就是金山银山发展理念，坚持生态优先、绿色发展之路，深入推进农业绿色发展；以农业供给侧结构性改革为主线，加快构建节约资源和保护环境的乡村产业结构，推进产业生态化和生态产业化。

一是立足于乡村独特的资源禀赋优势和农业发展基础，发展特色和优势农业，加快推进农业生产"三品一标"工作，通过订单模式、社会化服务等途径，提高绿色生产技术采纳程度，以加强农产品产地环境保护与治理，建立健全农产品市场体系，推动农业生态产品的价值实现。

二是充分利用农业、工业、信息等各类产业园区发展优势，延伸产业链、提升价值链，提高综合效益。淘汰落后产能，提升农产品加工的信息化、自动化水平，推动农产品精深加工，支持主产区农产品就地加工转化增值；加快提高农产品附加值，并充分利用农产品副产物和农业废弃物延伸出更多有益产品，实现资源化利用，变废为宝。

三是促进农村产业融合发展。提升农村基础设施现代化水平和公共均等化服务水平，依托农村独特的自然生态环境、丰富的人文旅游资源和浓厚的民俗风情，发展休闲农业、乡村文旅、康养旅游等新业态，实施乡村产业链供应链提升工程，积极打造休闲农业重点县、美丽休闲乡村，推介乡村休闲旅游精品景点线路。

（三）加强生态治理体系建设

深入贯彻新发展理念，以农村生态文明建设高质量发展为导向，加快构建以生态价值观念为准则的生态文化体系、以产业生态化和生态产业化为主体的生态经济体系、以科学高效运行为手段的目标责任体系、以促进人与自然和谐共生为目标的生态文明制度体系、以生态系统良性循环和环境风险有效防控为重点的生态安全体系。

一是依靠科技创新，采取多元化赋能方式，推动生物工程、信息科学、新材料、人工智能、新能源等先进技术在农业农村中的广泛应用，创新乡村低碳生产生活新模式。明晰系统与部分、责任与义务，合理协调人与自然、城镇与乡村、乡村经济发展与农村环境保护之间的关系，健全人与自然和谐共生的生态文明制度体系。

二是将绿色发展融入农业产业、农村能源、乡村交通、农民生活等方面，积极推进绿色低碳化、便捷智能化的生产生活方式，加强太阳能、风能、生物质能等乡村清洁能源建设，深入推进城乡交通运输一体化，通过强化政策引导、落实目标责任，发挥市场主导作用，规范社会资本运作，形成政府、市场、全社会共同推进农村生态文明建设的社会氛围。

三是坚持系统治理，以农村数字化建设为抓手，依托云计算、大数据、人工智能等互联网技术，健全生态治理系统平台，加强生态环境海陆空治理；同时，推动数字技术与乡村治理深度融合，建设乡村治理综合服务平台，着力加强基层治理、个人服务、法治建设等方面的数字化治理能力，实现治理的智能化、规范化和便利化，以提升农村居民的获得感、幸福感和安全感。此外，把积极参与农村生态文明建设作为村规民约的重要内容，适当拓展农业农村低碳生产生活的相关内容，赋予农民监管与被监督的权利，突出农民的主体地位，激发农民的参与积极性。

（四）完善生态制度体系建设

配套制度是推进农村生态文明建设的重要保障，为此，应建立健全相应的配套制度，确保农村生态文明建设取得实效。

一是进一步加强制度建设，着力提升监管、督察效能。统筹推进林长制、河（湖）长制、路长制工作，深入推进生态环境、自然资源、水利、农业农村、住建、财政等多部门协同联动，加强网格化管理、精细化治理、长效化管护；不断完善农村生态文明建设相关部门的责任分工、管理管护、考核奖惩、工作保障等机制；加快完善生态环境保护督察制度，培养专业化环保督察人才队伍，不断满足人民日益增长的优美生态环境需要。

二是健全农村生态文明建设政绩考核制度。以健全系统化、科学化的农村生态文明建设综合评价体系为基础，完善政绩考核办法，实行差别化的考核制度，实施不同目标导向的绩效评价体系。例如，对农产品主产区和重点生态功能区，根据其各自的主要目标建立评价体系，分别实施农业优先和生态保护优先的绩效评价。对农村生态文明建设成绩突出和进步明显的省区、单位及个人给予相应奖励和宣传报道。继续探索科学化的核算方法，深入做好自然资本核算、生态服务价值评估、生态产品价值评估，同时严格执行对领导干部实行自然资源资产和环境责任离任审计。

三是全面贯彻落实依法治国理念，加强农村生态文明法治建设。完善农村环保法律体系，推动执法规范化、标准化、信息化，构建覆盖省市县乡四级的统一综合执法平台；积极促进乡村生态振兴自治法治德治有机融合，提高农村居民地方依恋，加强农村生态文明建设的参与感和获得感。此外，深入推进农村生态文明现代化示范区创建工作，开展一批国家生态文明示范镇和示范村，努力探索农村生态文明建设的现实样板。

（五）强化理念宣教体系建设

作为农村生态文明建设的重要参与者，需要通过凸显绿色生产生活方式综合效益、强化农村基础设施建设和公共服务能力、发挥数字赋能优势等途径加强农村居民生态保护意识，以推动农村生产生活方式的绿色转型。

一是科学对比粗放型与绿色化生产生活方式之间的经济效益、社会效益和生态效益，全面厘清绿色低碳生产生活方式的综合比较优势，进一步提高农村居民实施病虫害绿色防控技术、绿肥轮作、农业废弃物综合利用等农业绿色生产以及节水、节电、绿色出行和低碳饮食等农村绿色低碳生活的主观能动性。同时，制定相应的绿色生活标准，鼓励农村居民积极参与、自觉采取绿色行为，形成绿色的生活方式和消费方式。

二是强化农村基础设施建设和公共服务能力，促进乡村生产生活方式转型升级。进一步实施农业绿色发展、农村能源清洁、数字经济培育、公共文化建设等工程，健全农村精神文明建设，以环境整治和民风建设为重点，扎实推进国家和省级文明村镇创建工作；通过乡村自治德治法治，加强农民生态环保意识，依托村民会议、村民代表大会、村民议事会、村民理事会、村民监事会等村民自治形式对农村生态文明建设开展解读与宣传，提升村民环保意识。

三是要发挥数字赋能优势，以快手、抖音、微信公众号等新媒体平台以及农科大讲堂下基层、文化惠民送科技下乡活动等大众喜闻乐见的方式，全面加强教育培训，开展科学种田、农村垃圾分类、低碳生活等专题宣讲活动，不断提高农村居民生态环境保护知识，提升农村居民生产生活低碳素养。

四　农村生态文明建设的支撑体系

农村生态文明建设是一项复杂的、长期的系统工程，在明确目标体系、内涵体系的基础上，实施过程中，需要构建一套系统有效的支撑体系，包括人才队伍体系、科技创新体系、资金保障体系，确保农村生态文明建设取得实效。

（一）加强人才队伍体系建设

乡村人才振兴既是乡村振兴战略的重要内容，也是农村生态文明建设的重要保障之一。为此，应注重人才队伍建设，提升人才队伍能力和水平，更好地为农村生态文明建设提供智力保障。

一是逐步建立完善的人才队伍建设制度。上文已提出，农村生态文明建设既是一项专业性很强的政治任务，也是一项政治性很强的专业任务。推进农村生态文明建设，需要一支能力较强的人才队伍提供保障。为此，应围绕识才、育才等制定政策和制度，解决人才队伍的数量与质量问题。实施人才培养工程，制定专业技术人才进修、培训制度，提升基层人才队伍的专业技术能力；同时，搭建人才队伍发挥作用的平台，为农村生态文明建设提供支撑。

二是建立优化人才激励政策体系。为有效激发人才服务于农村生态文明建设的积极性及创造力，建议出台符合新发展阶段实现乡村人才振兴特点的相关政策和制度，对人才编制、流动、激励和创业资助等方面做出具体规定，构建人才安心乡村、扎根乡村的长效机制，使献身乡村振兴的基层人才在政治上有奔头、经济上有甜头、工作上有干头；同时，着力营造"尊重劳动、尊重知识、尊重人才、尊重创造"的社会氛围，在不同层面开展农村生态文明建设领军人才、优秀人物等先进典型的评选，提升人才的存在感、成就感，以更好地服务于农村生态文明建设。

（二）注重科技创新体系建设

科学技术是第一生产力，创新是第一动力。党的十九届五中全会提出坚持创新驱动发展，全面塑造发展新优势。农村生态文明建设需要科技支撑，更需要不断地进行科技创新。

一是树立科技创新支撑农村生态文明建设的理念。各级政府应通过相关政策措施加大对基层农业科技创新活动的支持力度，营造良好的科技创新环境，激发各主体参与科技创新资源配置和利用的积极性。通过构建包括高校、科研院所、企业在内的多元化研发体系，强化农业基础研究，全面升级农业应用技术，实现前瞻性基础研究和原创性重大成果突破，为农村生态文明建设提供技术支撑。

二是建立推动重大科技创新的奖励制度。围绕农村生态文明建设，进一步提升科技创新奖励的精准度和聚焦度，更好地发挥科技创新成果对农村生态文明建设的支撑带动作用。进一步调动广大科技工作者的积极性和创造性。通过加大获奖宣传力度，在全社会营造一种崇尚科学、鼓励创新、开放协作的良好氛围，切实激发科技工作者、创新型企业、科研平台的创新活力和创新热情。此外，应制定相应的政策措施，畅通重大科技创新成果应用于农村生态文明建设的路径，提升科技成果的转化率。

（三）强化资金保障体系建设

推进农村生态文明建设，资金需求量大、周期长。新发展阶段，要提升农村生态文明建设的水平和质量，迫切需要加大资金投入，为农村生态文明建设提供资金保障。

一是加大财政投资力度，建立相应的增长机制。在推进农村生态文明建设中，应发挥好财政政策的积极作用，明确目标导向，做好财政资金"存量"和"增量"的文章。充分利用好涉农资金管理与使用机制，进一步完善农村支持保护制度。持续提高财政投入的强度和精准度，建立健全各级政府农村投入增长机制，为农村生态文明建设提供资金保障。

二是创新投融资机制，满足农村生态文明建设的资金需求。为解决农村生态文明建设资金需要量大的难题，应鼓励财政与社会资本共同建立不同类型的基金，并强化涉农资金统筹整合，引入市场化运行机制，提高财政资金使用效率。

三是加强资金使用效率的评价管理，提高资金使用的有效性。针对农村生态文明建设中资金投入低效甚至无效的问题，建议加强资金使用效率的评价管理。为此，应根据不同区域农村生态文明建设的实际，确定适宜的评价方法，选择适宜的评价单元，聘请第三方开展评价，从中甄别出存在的关键问题，并提出解决问题的精准对策，全面提高农村生态文明建设资金的使用效率。

五　农村生态文明建设的保障体系

保障体系是农村生态文明建设体系的重要内容，也是确保农村生态文明建设取得实效并实现可持续性的关键所在。保障体系建设需要从组织、制度、法制等领域展开。

（一）强化组织体系建设

党的全面领导是加强农村生态文明建设的政治保障。充分发挥好基层党组织作用，更好地组织群众、宣传群众、凝聚群众、服务群众，方能夯实农村生态文明建设之基。

一是加强党对农村生态文明建设的领导。各级党委政府应深入学习贯彻习近平生态文明思想，以其为新发展阶段推进农村生态文明建设的根本遵循，以山水林田湖草沙是生命共同体的系统思维逻辑，全面树立绿水青山就是金山银山发展理念，确保农村生态文明建设取得实效并实现可持续性。五级书记抓乡村振兴的同时，应将农村生态文明建设作为自己的使命担当，任务所在，全力推进乡村振兴。特别是农村党支部，应充分发挥好基层党组织的核心作用，同时，采取有效措施，充分调动留守在农村的党员干部、退休教师以及返乡居住的干部职工、务工返乡农民工的积极性，通过他们的言行影响周围群众。

二是加强农村生态文明建设相关专业理论的学习。推动农村生态文明建设不仅是一项政治性很强的专业任务，而且是一项专业性很强的政治任务。为此，建议各级党组织在加强习近平生态文明思想学习的同时，应注重相关专业知识的学习。通过专业知识的学习，提升自身的专业管理能力、专业决策能力、专业服务能力，以更好地服务于农村生态文明建设。

（二）加强制度体系建设

习近平总书记指出，保护生态环境必须依靠制度、依靠法治。只有实行最严格的制度、最严密的法治，才能为生态文明建设提供可靠保障。

一是完善推进农村生态文明建设的制度体系。进入新发展阶段、贯彻新发展理念、构建新发展格局，应以改革创新为动力，完善体制机制，着力建立并完善推进农村生态文明建设的制度体系，形成制度激励与制度约束相协调的推进方式。为此，建立农村生态文明建设考核的指标体系，开展不同层面党政领导推进农村生态文明建设的实绩考核，并将考核结果纳入地方发展、个人政绩评判之中。同时建立农村生态文明建设推进情况的报告制度，不同层面行政主管部门每年应向同级人民代表大会报告年度工作的推进情况，特别是工作总体完成情况，还存在哪些方面尚未完成，对这些没有完成的情况进行原因说明，并提出后续的推进措施等，还应将报告情况进行公开，接受群众对各级政府的监督。此外，围绕农村生态文明建设的重点领域，制定详细的负面清单，并按照制度化、公开化、信息化要求，建立信息公开机制、质询评议机制、重大决策留痕机制、违反负面清单事项直报机制，以及严厉的问责机制等有效监督机制。

二是建立推进农村生态文明建设的长效机制。推进农村生态文明建设应基于新发展阶段的新特点、新问题、新趋势，找准着力点，构建有利于促进农村生态文明建设的长效机制。要从根本上解决农村长期存在的"重建设，轻管理"问题，确保基础设施在农村生态文明建设中发挥作用，建立与完善运营管护机制、监督机制、评估机制。同时，在推进农村生态文明建设中，应建立有效的参与机制，以调动农民的主动性、积极性，充分发挥农民的主体作用。

（三）推动法制体系建设

农村生态文明建设是一项战略任务，也是一项长期任务，要切实保障农村生态文明建设取得实效并实现可持续性，需要完善相应的法律法规。

一是推动相关法律法规落地。《中华人民共和国乡村振兴促进法》已经颁布，建议加大宣传力度，采取有效措施，推动其全方位落地，并注重执法质效，加强法律落地情况的监督检查，以提高法治保障。同时，建议围绕上述法律，及时制定更有针对性和可操作性的配套法规，聚焦乡村振兴战略实施以及农村生态文明建设，为乡村振兴及农村生态文明建设提供法治保障。

二是修改相应的法律法规。围绕新发展阶段农村生态文明建设的重点领域及实施路径，系统梳理已有的法律法规，对彼此之间存在的冲突甚至矛盾之处、重大事宜的遗漏之处，进行修改、补充、完善，以提升法律法规的规范性、权威性，更好地为农村生态文明建设提供法治保障。

三是制定新的法律法规，弥补农村生态文明建设领域的法律空白。针对农业农村绿色发展缺乏统一的法律，建议制定一部完整的农业农村生态环境保护、绿色发展方面的法律，为农村生态文明建设提供法律遵循。

第三章　全面推进乡村生态振兴的战略思考

乡村生态振兴是贯彻落实习近平生态文明思想的重要内涵，是高质量推进乡村振兴的生态保障。自党的十九大作出乡村振兴战略重大决策部署以来，生态振兴取得了显著成效，农村生态环境明显好转，农业生产方式逐渐绿色，为乡村振兴战略的稳步推进奠定了坚实的基础。

一　"十三五"时期乡村生态振兴取得的成就

（一）农村生态环境保护意识逐渐树立

从生态学意义上讲，农村生态环境保护包括水、耕地、森林、草原四大生产性资源系统的保护。自"十三五"时期以来，伴随着农业生产方式的转变和绿色发展理念的倡导，农村生态环境保护取得了明显进展，为生态振兴奠定了良好的基础。

1. 水污染防治效果显现，农村饮用水安全得到基本保障

水资源是保障农业生产不可替代的生态要素，我国是一个水资源短缺的国家，人均水资源仅为世界人均水平的1/4。2015年《水污染防治行动计划》出台后，国家加强了地表水污染治理，取得了明显成效，特别是中央环保督察对水污染防治起到了更明显的推动作用。图3-1数据显示，自2016年以来，全国地表水监测水质Ⅰ—Ⅲ类的占比由67.80%，提高到2020年的83.40%，提高了15.60个百分点，而劣Ⅴ类水质则由2016年的8.60%降至2020年的0.60%，地表水污染得到显著治理。

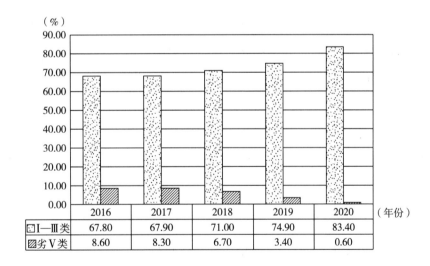

（%）	2016	2017	2018	2019	2020
▦ Ⅰ—Ⅲ类	67.80	67.90	71.00	74.90	83.40
▨ 劣Ⅴ类	8.60	8.30	6.70	3.40	0.60

图3-1　2016—2020年全国地表水监测水质占比

资料来源：历年《中国生态环境状况公报》《2020年全国生态环境质量简况》。

与此同时，伴随着人畜饮水和饮水解困工程的实施，农村饮水安全得到逐步巩固。节水灌溉方面，灌区有效灌溉面积由2016年的 3304.60 万公顷，增加到 2019 年的 3350.10 万公顷。节水灌溉面积也由 2016 年的 3284.70 万公顷增加到 2019 年的 3705.90 万公顷。

2. 耕地资源锐减趋势得到有效缓解，耕地质量有所提升

耕地生态系统的健康直接决定着粮食等农产品数量及质量的双重安全。自"十三五"时期以来，我国各级政府继续强化最严格耕地保护制度，以及有效实施"占补平衡""增减挂钩"等政策措施，对保护耕地数量发挥了重要作用，在一定程度上缓解了耕地资源锐减的趋势。《中国国土资源统计年鉴》数据显示，土地整理复垦开发补充的耕地在新增耕地中的占比由 2000 年的 48.20% 增加到 2008 年的 88.70%，2017 年更是高达 94.98%。可以说，耕地占补平衡制度在补充增加耕地、守住 18 亿亩耕地红线和实现粮食产量"十七连丰"中发挥了显著作用。在耕地质量方面，国家通过土地整治、高标准农田建设等工程在一定程度上提高了耕地质量。《2019 年全国耕地质量等级情况公报》数据显示，全国耕地质量平均等级为 4.76 等，较 2014 年提升了 0.35 个等级。其中评价为一等至三等的耕地为 6.32 亿亩，比 2014 年增加了 1.34 亿亩。在水土流失治理方面，2016 年，全国水土流失治理面积为 12041.20 万公顷，而 2019 年为 13732.50 万公顷，增长了 14.05%，水土流失综合治理成效明显。

3. 森林资源质量有所提高

森林可以有效涵养水源、防止水土流失，还具有防风、减少沙尘暴、改善空气质量、调节局部小气候等作用。近年来，党中央、国务院实施了一系列重大林业生态工程，第九次全国森林资源清查

（2014—2018 年）结果显示，全国森林面积 2.20 亿公顷，森林覆盖率 22.96%，森林蓄积量 175.60 亿立方米，为维护国家生态安全发挥了积极作用。同时，全国森林植被总生物量 188.02 亿吨，总碳储量 91.86 亿吨。全国天然林面积 1.40 亿公顷，天然林蓄积 141.08 亿立方米，人工林面积 8003.10 万公顷，人工林蓄积 34.52 亿立方米。天然林资源逐步恢复，人工林资产快速增长，"绿水青山就是金山银山"转化的根基更加稳固。此外，第三期中国森林资源核算研究成果显示，全国林地林木资源总价值 25.05 万亿元，森林生态系统提供生态服务总价值为 15.88 万亿元，为全球碳循环和减缓全球气候变化做出了突出贡献。

4. 草地生态功能持续提升

我国有近 60 亿亩草原，占全球草原面积的 12.00%，占我国国土面积的 41.70%，是我国面积最大的陆地生态系统，能够为农牧民提供基本的生产资料，很大程度上调节了生态环境的平衡。"十三五"时期以来，我国草原保护工作得到明显加强。《2020 年全国生态环境质量简况》数据显示，全国草原综合植被覆盖度为 56.10%，较 2015 年上升 2.10 个百分点。经初步核算，全国天然草原鲜草产量稳定在 11 亿吨左右，但是，我国草原生态系统依然十分脆弱，草原质量普遍偏低，草原生态保护与经济发展之间的矛盾依旧突出。

（二）农业生产环境的绿色底色越来越亮

实现农业生产环境质量改善、保障农产品质量已经成为推动农业生产方式绿色转型的基本出发点，也是保障乡村生态振兴的重要内容。自"十三五"时期以来，我国农业面源污染防治和农业废弃物资源化利用均有了明显改善，为实现农业绿色发展奠定了底色。

1. 化肥施用总量和施用强度实现双下降

从国外经验来看，发达国家化肥施用量呈现先快速增长、达到峰值后保持稳中有降或持续下降的趋势，并逐步走上了减肥增效、高产高效的可持续发展之路。《中国农村统计年鉴》数据显示，"十三五"时期以来，我国化肥施用总量（折纯）和施用强度均实现了"双下降"。其中，2015 年，我国农用化肥施用量（折纯）达到了新中国成立以来的峰值，为 6022.60 万吨。伴随着原农业部提出的"双减"措施，2016 年，首次实现了化肥施用减量化，为 5984.40 万吨，且此后一直呈现递减状态，截至 2019 年，全国化肥施用量为 5403.60 万吨，较 2016 年下降了 9.71%。

从化肥施用强度来看，"十三五"时期以来，我国化肥施用强度也呈现下降趋势，由 2016 年的 358.48 千克/公顷下降至 2019 年的 325.65 千克/公顷。但是，这一数值仍处于高位，远远高于发达国家为防止水体污染所设置的安全上限值（225 千克/公顷）。另外，我国化肥利用率也处于偏低水平，提升空间或潜力较大。农业农村部的数据显示，截至 2020 年年底，我国化肥减量增效已顺利实现预期目标，水稻、小麦、玉米三大粮食作物化肥利用率为 40.20%，比 2015 年提高了 5 个百分点。

表 3-1　　　　　　　2016—2019 年化肥施用量和施用强度

单位：万吨、千克/公顷

年份	化肥施用总量					化肥施用强度				
	全国	东部	中部	西部	东北	全国	东部	中部	西部	东北
2016	5984.40	1661.00	1875.50	1813.30	634.50	358.48	520.64	356.41	313.50	301.61
2017	5859.40	1609.90	1835.60	1786.20	627.70	352.27	511.06	348.62	308.95	299.46
2018	5653.40	1526.00	1775.80	1732.70	618.90	340.77	485.84	337.53	296.17	295.82
2019	5403.60	1459.60	1662.10		590.30	325.65	472.33	323.62	279.61	284.73

资料来源：《中国农村统计年鉴》计算得到。

2. 农药使用量实现零增长

表 3-2 数据显示，我国农药使用量在 2013 年达到峰值 180.77 万吨后，持续下降至 2019 年的 139.20 万吨。在区域分布上，"十三五"时期以来，西部地区农药使用量的降幅最高，东部地区次之。在化肥使用强度上看，2019 年单位农作物播种面积农药使用量为 8.39 千克/公顷，虽然整体上表现出下降趋势，但仍高于世界农药用量的平均水平。同时，农业农村部数据显示，自 2015 年以来，通过组织开展化肥、农药使用量零增长行动，农药利用率有所提高。经科学测算，2020 年我国农药利用率为 40.60%，比 2015 年提高 4 个百分点，且全国大力推进绿色防控和精准科学用药，及时准确地预报病情虫情，推广高效植保药械，推行达标防治、对症用药、适时适量用药。2020 年绿色防控面积近 10 亿亩，主要农作物病虫害绿色防控覆盖率 41.50%，比 2015 年提高了 18.50 个百分点。

表 3-2 　　　　　　　2016—2019 年农药使用量

单位：万吨、千克/公顷

年份	农药使用量					农药使用强度				
	全国	东部	中部	西部	东北	全国	东部	中部	西部	东北
2016	174.00	56.93	59.16	38.23	19.73	10.42	20.88	12.40	6.40	9.49
2017	165.50	54.49	56.23	35.09	19.70	9.95	20.27	11.82	5.81	9.55
2018	150.40	47.87	52.90	69.37	18.02	9.07	17.74	11.14	13.54	8.84
2019	139.20	44.52	48.61	29.65	16.40	8.39	16.79	10.21	4.81	8.14

资料来源：《中国农村统计年鉴》计算得到。

3. 农用薄膜使用量达到峰值后实现递减

我国农用塑料薄膜在 2015 年达到峰值 260.36 万吨之后，使用量呈下降态势。2019 年农用塑料薄膜使用量为 240.80 万吨，比 2015 年峰值下降 7.51%。从区域来看，西部地区需求量较大。《中国农村统计年鉴》数据显示，分省来看，2019 年，山东省、新疆维吾尔自治区、甘肃省、河南省和四川省位列前五位，需求量分别为 26.71 万吨、26.27 万吨、15.23 万吨、15.08 万吨和 12.32 万吨，五省占据全国需求量的比重达到了 39.71%。

表 3-3 　　　　　2016—2019 年农用塑料薄膜使用量　　　单位：万吨

年份	全国	东部	中部	西部	东北
2016	260.30	79.08	51.38	101.86	27.94
2017	252.80	76.96	50.95	98.39	26.53
2018	246.70	73.40	50.09	98.03	25.16
2019	240.80	71.31	49.77	95.84	23.85

资料来源：《中国农村统计年鉴》计算得到。

4. 畜禽养殖粪污综合利用率显著提高

"十三五"时期以来，我国高度关注畜禽养殖废弃物资源化利用问题。2016 年 12 月，中央财经领导小组第 14 次会议强调要加快推进畜禽养殖废弃物处理和资源化。随后，国办、原农业部先后出台《关于加快推进畜禽养殖废弃物资源化利用的意见》《畜禽粪污资源化利用行动方案（2017—2020 年）》，以此打通畜禽粪肥资源化利用的"最后一公里"。农业农村部数据显示，2019 年，全国畜禽粪污综合利用率已经达到 75.00%。且国家通过安排专项资金，重点支持畜牧大县开展畜禽粪污资源化利用工作，实现了 585 个畜牧大县全覆盖，规模养殖场粪污处理设施装备配套率达到 93.00%。

（三）农村人居环境整治取得阶段性成效

农村人居环境作为衡量农民生活质量好坏的重要指标，关系着全面建成小康社会和广大农民根本福祉，更是生态振兴的重要环节。"十三五"时期以来，我国农村人居环境整治工作有序推进，取得了阶段性成果，《农村人居环境整治三年行动方案》明确要求的重点任务进展顺利。农业农村部数据显示，截至 2020 年年末，三年行动方案目标任务基本完成，农村生产生活垃圾和生活污水得到有效治理，人居环境基本实现干净整洁有序，"农村美"的目标正在逐渐实现。

1. 农村生活垃圾治理效果明显

由于农村生活垃圾量大、面广、成分复杂，一直以来对农村生态环境造成较大损害。按照国家相关部署，农村生活垃圾收运处置体系和生活垃圾分类试点工作已经取得了明显成效。特别是 2018 年以来，中央农办、农业农村部等 18 个部门启动实施村庄清洁行动，广泛发动农民群众自觉开展"三清一改"，集中整治村庄"脏乱差"问题。农业农村部数据显示，已经有 95.00% 以上的村庄开展了清洁活动。截至 2020 年 10 月，全国农村生活垃圾收运处置体系已覆盖全国 90.00% 以上的行政村，排查出的 2.40 万个非正规垃圾堆放点中 99.00% 已完成整治。同时，各省份在农村生活垃圾的处理方式上，摸索出了具有典型地区特征的处置方案。例如，部分地区已经推行的"户分类、村收集、镇转运、县处理"模式，有效地推进了城乡环卫一体化进程，极大地改善了农村生态环境和村庄面貌。

2. 农村厕所改造稳步推进

相比中华人民共和国成立之初"一块木板两块砖，三尺栅栏围四边"的广大农村厕所面貌，近年来，国家积极推进农村厕所改造工程，提高了农村卫生厕所的普及率。根据 1993 年第一次农村环境卫生调查结果显示，全国农村卫生厕所普及率仅为 7.50%。而农业农村部数据显示，截至 2020 年 10 月，全国农村卫生厕所普及率达到 65.00% 以上，2018 年以来累计新改造农村户厕 3000 多万户。农村厕所改造稳步推进，既美化了农村生活环境，又有效杀灭了粪便中的寄生细菌，从源头上控制了疾病的传播。

3. 农村生活污水治理初见成效

与城市生活污水相比，农村生活污水具有流量小、浓度低、收集困难等特点，加之中西部地区村庄分布较为分散，使农村生活污水的集中管理存在很大困难。伴随着新农村建设、美丽乡村建设、乡村振兴战略的不断推进，党和政府对农村生活污水的关注程度不断加大，农民的环境保护意识不断增强。农业农村部数据显示，截至 2019 年 7 月，全国有近 30.00% 的农户生活污水得到处理，新开工建设农村生活污水处理设施 8 万多座，污水乱排乱放现象明显减少。在农村生活污水处理模式的选择上，各地根据实际情况，探索出了不同的处理模式。并逐渐形成了沼气池处理、土地渗滤处理系统处理、人工湿地处理、生物滤池技术和太阳能/风力微动力污水处理等技术。这些技术基本改善了农村生活污水处理难的问题，告别了黑臭水体，改善了农民居住条件。

4. 村庄规划管理工作有序开展

实施乡村振兴战略要坚持规划先行、有序推进，做到注重质量、从容建设。村庄规划管理工作有助于科学合理地制定下一阶段的发展目标，只有"好的"村庄规划，才能保障村庄健康发展。近年来，各地区从实际出发，制定了符合发展现状和未来需求的村庄规划。《中国城乡建设统计年鉴》数据显示，2019 年，全国设有建设管理机构的乡占比为 75.88%，有村庄总体规划的乡占比也已经达到 73.86%。

二　推进乡村生态振兴进程中存在的问题

近年来特别是党的十八大以来，农村生态环境建设取得了明显成效，为新发展阶段实现乡村生态振兴奠定了良好的基础。但也要清楚地认识到，实现乡村生态振兴所面临的形势依然严峻，特别是随着国民生态消费意识的增强，对乡村生态环境的品相、品质、品位等都提出了更高要求。基层调研发现，在推进乡村生态振兴进程中，还存在一系列问题需要破解，突出表现在以下几个方面。

（一）对乡村生态振兴的内容把握不全面

乡村生态振兴是一项系统工程，涉及生产生活的各个方面，在推进过程中还存在对其内容把握不全、推进措施系统性不强等问题。

1. 对生态振兴内容把握不全

从内容来讲，乡村生态振兴涵盖了农村生态环境保护、农业生产环境改善以及农村人居环境整治三个方面，每一方面又包含丰富的内容。但基层调研发现，在推进乡村生态振兴实践中，明显存在着重视某一方面，而缺乏对整体内容的把握，由此导致乡村生态振兴的不彻底。

2. 粮食安全的底线思维不到位

粮食安全是国家安全的重要基础，确保粮食安全始终是治国理政的头等大事。习近平总书记在中央农村工作会议上强调，要牢牢把住粮食安全主动权，粮食生产年年要抓紧。但在推进乡村生态振兴实践中，一些部门单纯地从环境保护的视角强调化肥、农药等化学投入品的减量，并强调中国施肥强度施药强度，以及使用效率等指标与国际先进水平之间的差距，而没有科学评价化肥、农药减量对粮食产量可能造成的影响，进而确定一个最优水平。

3. 协同推进乡村生态振兴的机制缺失

党的十八大以来，习近平总书记从生态文明建设的整体视野提出"山水林田湖草是生命共同体"的论断，并强调统筹山水林田湖草系统治理。由于乡村生态振兴的内容分属不同部门负责，彼此之间又缺乏有效的协同推进机制，没有厘清三大内容之间的紧密联系，有可能会导致顾此失彼，难以实现生产、生活、生态的和谐统一。

4. 对乡村生态振兴核心要素缺乏战略思考

从健康中国战略的视角来看，安全优质农产品是 14 亿多国人身体健康的重要保障。要实现这一目标，其核心是耕地土壤质量、灌溉用水水质以及种子的保护，失去了根基，无论农业生产规模多大、新型经营主体实力多强，都无法保证农产品的优质安全。事实上，水土等核心要素的战略地位并没有得到应有的重视。

（二）乡村生态振兴资金投入保障不充分

中国城乡二元结构背景下，"重城市、轻乡村"思维定式普遍存在，很多地方党委政府在推动城乡建设中，没有将乡村与城镇放在平等的框架之内统筹考虑，而是被置于城镇之下。正是由于理念的偏颇，直接导致了地方政府决策者把资金投入的重点放在城镇，着力打造城镇公园、城镇广场等展示平台，而乡村生态振兴的基础设施没有得到应有重视。一些地方即使配备了硬件设施，但由于缺乏运营经费或其他原因，设施不能正常运转，导致财政投资的浪费。

相对于广大农村生态环境治理设施及其运营费用的需求，当前资金投入水平远远不够，以致一些地方农村生态环境治理设施还处于空白状态。此外，由于融资机制还不充分，难以发挥全社会力量推动乡村生态振兴。

（三）乡村生态振兴技术模式标准不规范

基层调研发现，乡村生态振兴技术模式的规范性较差，缺乏统一标准。例如，一些地方在生活污水处理中简单地将城镇污水处理的管网模式搬到农村，不考虑农村生活污水排放的特点以及农村集体经济状况。同时，对一些特定区域而言，农村生态环境治理技术严重缺失，国家在推荐技术时，也没有充分考虑到区域气候、地理地貌以及社会经济、民族风情等方面的差异性，导致农村生态环境治理技术的"水土不服"，难以实现预期目的。在边疆民族地区调研时发现，在内地推广的乡村生态振兴模式，特别是"厕所革命"，也被引入民族地区，其结果自然是严重的"水土不服"，成为典型的"面子工程"，惠及百姓的"民生工程"被做成"民怨工程"，根本原因就在于违反实事求是原则。为此，需要根据不同区域的差异性特点，制定区域性的标准，规范乡村生态振兴技术模式。

（四）乡村生态振兴人才队伍建设不全面

众所周知，实现乡村生态振兴是新发展阶段"三农"工作的关键目标指向，迫切需要一个具有浓厚的乡土情怀、了解农村生产生活的多元化、高素质的人才队伍提供支撑。当前，乡村振兴特别是乡村生态振兴中人才队伍建设不全面、能力不足、体系不健全问题依然很突出。

1. 人才队伍难以满足乡村生态振兴的需要

基层调研发现，源于体制机制因素，基层生态环境治理人才队伍建设严重滞后，年龄结构老化、学历结构低下、专业结构偏离、技术陈旧，难以应对新发展阶段乡村生态振兴中出现的新问题。特别是，适宜不同区域实际的相关技术开发能力明显不足，无法为乡村生态振兴提供技术支撑。

2. 实施乡村生态振兴的能力不足

可以说，推进乡村生态振兴既是一项政治性很强的专业任务，也是一项专业性很强的政治任务。长期以来，由于对农村生态环境治理重视不足，缺乏必要的专业知识学习，基层党委政府在推动乡村生态振兴中的专业领导力明显偏弱，不能满足新发展阶段的时代要求。

3. 推进乡村生态振兴的治理结构体系没有系统建立起来

从前面的分析中可以看出，推动乡村生态振兴的主体具有多元化特征，但依然没有建立起党领导的治理结构体系。基层调研发现，各级党委、政府对乡村生态振兴认识不到位、组织不力、专业领导能力不强，全面贯彻执行党对乡村生态振兴的各项政策不到位。同时，推进乡村生态振兴的主体之间关系没有得到有效协调，依然存在边界不清晰、分工合作不明确等问题。

（五）乡村生态振兴设施管护机制不健全

长期以来，包括乡村生态振兴设施在内的乡村基础设施建设中，

"重建设、轻管护"问题一直都存在，始终没有得到有效改善，导致基础设施不能有效运转，在一些地方存在只见"闲置的设施"，不见"运营的设备"现象。导致这一现象的原因，除了资金投入严重不足之外，根本原因在于长效机制的缺失。

1. 乡村生态振兴基础设施管护机制缺失

近些年，乡村生态振兴基础设施得到了加强，但现实中既没有运营组织，也没有专职人员，更没有管护经费，无法保证这些设施实现预期效果。

2. 乡村生态振兴的评估与监督机制缺失

在此情况下，无法准确判断农村生态环境治理的效果并甄别出存在的关键问题，并据此提出完善相关政策或者制度的对策。

3. 有效的参与机制还没有建立

由此导致各级政府成为乡村生态振兴的主体，而应成为治理主体的农民则游离在主体之外；同时，也没有调动企业、居民、媒体以及科技人员的参与积极性，更缺乏全社会的协同行为。

（六）乡村生态振兴制度保障体系不系统

当前，乡村生态振兴的制度体系不系统特点非常明显，突出表现在以下两个方面：

1. 缺乏系统、完整的制度

与乡村生态振兴相关的管理制度，都零散地分布在不同的行业主管部门，彼此之间存在一定的交叉甚至冲突。因此，应在"山水林田湖草是生命共同体"系统思想指导下，从大尺度、大格局、整体性着眼，构建符合农村生态环境特点的制度体系。

2. 制度的单一性明显

在乡村生态振兴领域，多以强制性制度为主，缺乏必要的诱致性制度、协作性制度、激励性制度等，往往导致治理效果难以实现预期。

3. 缺乏对农民义务规定的制度安排

众所周知，农业税取消之后，农民的义务意识逐渐弱化，甚至荡然无存。基层调研发现，乡村生态振兴特别是农村人居环境整治中，农民没有承担应尽的义务。在集体经济较为发达的地方，村里承担了生活垃圾、生活污水处理费用一部分，成为各级政府投入的有效补充；但在集体经济较弱的地方，上述费用全部由各级政府承担。在推进过程中，农民没有承担相应责任。

三 "十四五" 时期及 2035 年乡村生态振兴的基本原则及总体目标

（一）基本原则

1. 坚持绿色引领、和谐共生

贯彻绿色发展理念，坚持以人与自然和谐共生为价值取向，正确处理农村生态环境保护与农村经济发展的关系，发展农业低碳循环经济，推进生态文明建设。加大生态保护与污染防治力度，注重促进形成绿色生产方式和消费方式。充分发挥乡村良好生态环境的优势，将生态宜居建设落到实处。

2. 坚持系统布局、利益共享

合理配置资源，建立涵盖乡村生态振兴各环节的创新系统，提高绿色农业投入品和绿色技术成果供给能力。推进农业产业发展绿色化，深入推进种植业、畜牧业、渔业结构调整，不断提升农产品质量和产业绿色发展水平。补齐生态农业建设和农产品质量安全的短板，实现资源利用高效、产地环境良好和产品质量安全。

3. 坚持政府引导、市场驱动

政府通过制定引导政策、设立专项、完善补贴补偿与购买服务等措施，加大对农业绿色技术创新研究和示范推广的支持，调动农业绿色技术各创新主体的积极性。以市场为导向，充分发挥企业在农业绿色技术研发和推广应用等方面的主体作用，建立农业环境保护和利益分配的市场驱动和政策调控机制。

4. 坚持试点先行、分类推进

实施土地保护性耕作、高标准农田建设、生态农业产业园建设、农产品仓储保鲜冷链物流设施建设等试点工程。因地制宜，分类施策，在控制资源投入的前提下，提高资源循环效率。构建农业科技创新平台，培育农业绿色产业链，实现从农业投入以及农产品生产、加工、流通、消费等全过程绿色化。

（二）总体目标

"十四五"时期是资源与生态环境保护的加快推进期，必须贯彻落实生态文明建设和绿色发展的要求，瞄准重点区域，突出实际问题，明确乡村生态振兴的目标，服务于 2025 年和 2035 年的经济社会发展。要深入打好农业农村污染治理攻坚战，补齐农业农村生态环境保护突出短板，统筹推进农村生态环境保护、农业生产环境改善及人居环境整治，为实施乡村振兴战略提供生态支撑。"十四五"时期，农村生态环境质量总体改善，资源节约高效利用，主要污染物排放量大幅减少，环境风险得到有效管控，农村人居环境明显改善。到 2035 年，农村生态环境质量实现根本好转，生态安全屏障更加牢固，推进美丽乡村建设。

加大耕地资源保护力度，坚持耕地数量、质量、生态"三位一体"保护，推进耕地质量保护与提升行动的开展。严守 18 亿亩耕地红线，提升耕地土壤质量。"十四五"时期，建成 10.75 亿亩集中连片高标准农田。全国耕地地力平均提高 0.50 个等级，高标准耕地地力提高 1 个等级以上。全国耕地土壤有机质含量平均提高 0.20 个百分点，耕作层厚度平均达到 25 厘米以上。全国耕地质量状况得到阶段性改善，耕地土壤酸化、盐渍化、养分失衡、耕层变浅等问题得到有效遏制。

持续提高农业水资源利用效率，确立农业水资源开发利用控制红线，实施农业水资源红线管理。到 2025 年，全国农业用水量保持在 3700 亿立方米以内，农田灌溉水有效利用系数提高到 0.60 以上。强化节约高效用水，统筹推进工程节水、农作物节水等，保障农业用水安全。分区域规模化推进高效节水灌溉，加快农业高效节水体系建设，加大粮食主产区、严重缺水区和生态脆弱地区的节水灌溉工程建设力度。

持续推进农业化学投入品减量，针对化肥和农药供给水平的区域差异，制定差异化的减量目标。化肥用量减量以达到绿色农业生产要求的"适应施肥水平"为目标。农药用量减量以淘汰使用高毒低效农药为目标，实现对农药生产与流通监管的全覆盖。持续提升肥药施用水平，2025 年我国水稻、小麦、玉米三大粮食作物化肥利用率和农药利用率分别达到 45% 以上，2035 年这两项指标均达到 55% 以上。

推进畜禽养殖废弃物资源化利用，促进种养结合农牧循环发展。到 2025 年，全国畜禽粪污综合利用率达到 80% 以上，2035 年畜禽粪污综合利用率达到 90% 以上。在生态承载力范围内，构建种养结合农牧循环的可持续发展格局，分区域编制种养循环发展规划，并合理实施空间布局。兼顾小散养殖户和集约化家庭农场养殖场废弃物资源化利用，探索建立适应不同区域、不同规模的畜禽粪污的市场化运行机制。

加强农作物秸秆回收和利用。建立完善的农作物秸秆收储运体系，形成布局合理、多元利用的秸秆综合利用产业化格局，基本实现秸秆全量利用。突破技术困境，依靠科技支撑，继续提高重点县市区秸秆综合利用率，加强科学的总体规划的同时，探索建立适应不同区域的农作物秸秆收储运体系。

全面实施废弃农用塑料薄膜和农药包装物回收及资源化利用。到 2035 年，全国农膜基本实现全部回收，全国地膜残留量实现负增长，农田白色污染得到有效防控。创新农膜回收利用机制，确立适应不同区域、不同覆膜类型、不同残留程度的农膜回收方式，构建农田残留地膜污染监测网络，白色污染问题得到解决。通过农民收集、经销商登记、农药生产企业或第三方企业回收农药包装物，构建农药包装物回收机制，在提高农药包装物回收率的同时，实现其有效的资源化利用率。

实施农村人居环境整治提升五年行动，全国农村人居环境整治取得显著进展。到 2025 年，全国农村卫生厕所普及率达到 75% 以上，生活垃圾收运处置体系实现行政村全覆盖，农村生活污水处理率达到 60% 以上。2035 年农村卫生厕所普及率达到 90% 以上，农村生活污水处理率达到 80% 以上。全部完成村庄规划管理，农村公共卫生服务水平持续提升，呈现出"村庄美、庭院美、生态美"的全新面貌。东部地区要率先打造农村人居环境整治的先行区和示范区，充分发挥引领示范作用，成为农村人居环境整治的模板，形成可供全国复制推广的经验。中部地区要基本实现农村人居环境整治各项目标，加大幅度提升人居环境质量。西部地区则要在充分保障农民生活基本条件的基础上，实现人居环境整治有所突破。绝大部分农村完成生活垃圾处理、卫生厕所普及工作，农村生活污水处理能力有所提升。

（三）基本思路

生态振兴是乡村振兴的重要前提和基础，针对乡村生态振兴所需要关注的核心要件和关键环节，需进行全面统筹和系统设计，在国家《乡村振兴战略规划（2018—2022）》基础上，科学制订全国乡村生态振兴规划。各地依据区域经济社会发展和农村地区特点，编制地方生态振兴规划或者制订实施方案。促进乡村自然生态和产业生态的绿色转型，加强乡村生态环境保护，统筹山水林田湖草系统治理，严守生态保护红线，强化生态脆弱区、环境敏感区、重要生态功能区的保护和修复。巩固生态安全屏障，提升生态系统整体服务功能。坚持资源节约和环境保护优先，推行绿色生产方式和生活方式，优化农业投入结构，打造循环产业链，推动形成绿色产业体系，实现农业经济效益、生态效益和社会效益相统一。

（四）重点领域

"十四五"时期及 2035 年乡村生态振兴要在蓝天、碧水、净土、美居上持续发力，坚持量质并重、保护提升，推动形成资源利用节约高效、生态环境建设良好的农业农村绿色发展格局。

1. 强化农业面源污染防治

围绕国家农业面源污染防治的"一控两减三基本"目标，严格控制农业用水总量，逐步减少化肥、农药施用总量，实现畜禽粪便、农膜、农作物秸秆基本资源化利用，实施化学投入品减量和废弃物循环利用工程，推广先进的肥药施用和废弃物处理技术，强化畜禽养殖污染防治，严格规范兽药、饲料添加剂的生产和使用。推行农业绿色生产方式，实施农业产前、产中、产后各个环节标准化管理，提高农业生产清洁化水平。

2. 严格削减耕地土壤污染负荷

以耕地为重点，划分为优先保护类、安全利用类、严格管控类，分别采取相应的管理措施，严格管控重度污染耕地，确保耕地重度污染面积不扩大。治理修复受污染耕地，遏制耕地土壤污染加重趋势，耕地土壤环境安全得到基本保障，土壤环境风险得到基本管控。加强对严格管控类耕地的用途管理，划定特定农产品禁止生产区域。严格管控类耕地纳入国家新一轮退耕还林还草实施范围，制订实施重度污染耕地种植结构调整或退耕还林还草计划。强化耕地土壤污染管控与修复，继续开展重金属污染耕地修复及农作物种植结构调整试点。

3. 优化耕地资源利用结构

实施耕地质量保护提升行动，通过耕地整理与土壤改良在相对集中连片区域内实现耕地质量均等化。各地区根据耕地质量状况，合理调整农业生产布局，优化耕地利用结构，缓解资源环境压力，改良土壤，培肥地力，提升农产品质量安全水平。农产品生产重点县要制订土壤质量保护方案，高标准农田建设项目向优先保护类耕地集中的地区倾斜。推行少耕免耕、粮豆轮作等措施，继续开展耕地质量保护利用试点。

4. 提升农村人居环境治理水平

全面实行农村生活垃圾就地分类和源头减量，以乡镇政府驻地和中心村为重点，加快推进农村生活污水治理，推广农村卫生厕所改建和生活污水处理相结合的模式。加大农村人居环境整治的专项投入，加强涉农资金整合，确保农村人居环境整治的经费来源。推进政府与社会资本合作，构建农村人居环境整治的多元化投入机制。强化乡村环境卫生设施建设，建立农村人居环境的长效管护和监督机制，进一步提升农村人居环境治理水平。

四 加快推进乡村生态振兴的对策建议

新发展阶段，针对推进乡村生态振兴中存在的问题，必须采取有效措施，从根本上提升乡村生态环境治理，全面实现乡村生态振兴。

（一）加强党的全面领导，为实现乡村生态振兴提供组织保障

新发展阶段，应加强党对乡村生态振兴工作的领导，通过建立完善的乡村生态治理体系，提升治理能力，实现乡村生态振兴。

1. 强化顶层设计，为全面推进乡村生态振兴绘制蓝图

《中华人民共和国国民经济和社会发展第十四个五年规划和2035年远景目标纲要》对农业生产环境改善、农村人居环境整治提升等都做了顶层设计，特别是农村人居环境整治提升五年行动方案即将发布，为推进乡村生态振兴指明了方向。为此，建议制订《乡村生态振兴评估实施方案》，对乡村生态振兴进行全面评估，针对发现的相关问题提出对策建议。

2. 加强基础组织建设，为推动乡村生态振兴提供保障

要强化基层党组织的核心地位，充分发挥基层党组织在乡村生态振兴中的主导作用。通过完善村规民约，将农村生态环境保护、农业生产环境改善以及农村人居环境整治等重要内容纳入其中，提高农民的生态环境保护意识，将环境保护理念植入内心，并采取有

效措施，调动农民的积极性，使其成为乡村生态振兴的主体。同时，要注重发挥党员的先锋模范作用，通过党员在推进乡村生态振兴中的带动和示范，形成齐抓共管的浓厚氛围。

（二）强化绿色发展理念，为实现乡村生态振兴提供思想保障

生态优先，绿色发展已成为时代的主旋律。推动农业农村生产生活方式的绿色转型，必须以绿色发展理念为指导，强化底线思维、系统思维，推动乡村生态振兴。

1. 坚持绿色发展理念，推进乡村生态振兴

新发展阶段，绿色、生态、安全、健康、营养成为消费的时尚名词，也是实现乡村生态振兴的根本目标。各级党委、政府应全面树立绿色发展理念，将生态保护作为优先目标，为生产生活提供健康的环境，推动生产方式、生活方式的绿色转型。

2. 坚持粮食安全的底线思维

农业生产环境改善是乡村生态振兴的重要内容之一，与粮食数量与质量直接相关。在实施过程中，始终要坚持粮食安全的底线思维，推动农业生产方式的绿色转型，将粮食安全与农业绿色发展有机结合起来，在确保粮食安全的前提下，以提高化肥使用效率为核心，实施化肥减量。

3. 坚持以水土资源质量保护为核心

前面已经提出，乡村生态振兴的核心要素是水土，保持水土质量是为实现健康中国的战略选择。因此，在推动乡村生态振兴

进程中，要围绕着水土资源质量的保护采取有效措施，特别应遵循"山水林田湖草是生命共同体"的系统观，全面推进乡村生态振兴。

（三）拓宽市场融资渠道，为实现乡村生态振兴提供资金保障

党的十八届三中全会指出，市场在资源配置中起决定性作用。因此，应借助市场作用，引导多种主体参与到乡村生态振兴行动之中，为乡村生态振兴拓宽融资渠道，提供资金保障。

1. 加大财政资金投入

国家应根据乡村生态振兴的内容，合理匡算乡村生态振兴的资金需求，以此作为参考依据，加大财政投入力度，公共财政更大力度向乡村倾斜，并逐步建立公共财政投入的稳定增长机制。

2. 拓宽乡村生态振兴的资金渠道

在新发展阶段，应统筹安排土地出让收益、城乡建设用地增减挂钩节余指标有偿调剂使用所获土地增值收益，以及村庄整治增加耕地所获得的占补平衡指标收益，用于乡村生态振兴。

3. 创新融资机制

建立"政府投入为主，村民支持为辅，积极发挥社会支持"的多元化投资机制，确保乡村生态振兴中设施运营及管护对资金的需求。

（四）选择适宜技术模式，为实现乡村生态振兴提供技术保障

1. 在因地制宜推广已有相关技术的同时，开展关键技术的研究

在推动乡村生态振兴进程中，一定要实事求是、因地制宜地推广一些相对较为成熟的技术，对技术的适宜性进行科学分析，慎重确定推广范围，以确保技术能够发挥作用。同时，针对不同区域推动乡村生态振兴的技术需求，特别是一个关键性技术，应以区域科研机构、大专院校科研团队为创新主体，聘请国家科研团队指导、参与，对区域所需要的关键技术进行研究，确保技术能够发挥应有的成果。

2. 结合区域特点及乡村生态振兴的内容，选择相应的模式

以农业生产环境改善为例，应以源头减量为根本性原则，实施农业面源污染防治攻坚战。为此，可以实施种植业与养殖业之间的有效结合，构建循环型生态农业模式，将畜禽养殖废弃物作为有机肥的原料来源实现削减。不同区域在构建循环型生态农业模式时，需要进行科学分析，发展规模、发展模式要适宜区域特点。与此同时，可以探索基于中医药优势推动农业生产方式绿色转型的新模式、新路径，在发挥中医药优势的同时，实现农业绿色发展的安全性，促进农业实现"提质、增产、增效"和高质量发展。

此外，要实现农药减量目标，应广泛推广生物农药，采取绿色防控技术，再加上统防统治、社会化服务等模式的推广，以实现增效及减量的双重效果。应注重发挥现代信息技术优势，精准获得农业生产环境状况的系统数据，基于大数据对农田生态系统污染进行

多元素融合处理，提出科学的治理方案，推动农业生产方式的绿色转型。

3. 应制定乡村生态振兴技术模式的标准及规范

为提升乡村生态振兴技术模式的区域适宜性，依据不同区域乡村生态振兴中的现实问题及困境，在相关技术标准及规范框架范围内，制定区域性的标准及规范，建立与之相配套的监测、管理办法，更好地推动乡村生态振兴。

（五）注重人才队伍建设，为实现乡村生态振兴提供智力保障

1. 注重专业知识学习，提升专业领导能力

要承担起党对乡村生态振兴工作的领导，基层各级党委、政府主要领导需要注重自身管理领导能力、业务领导能力建设，以满足新发展阶段乡村生态振兴工作的需要。

2. 注重专业人才队伍建设

由于在推动省以下环保机构垂直管理制度改革中，"最后一公里"问题较为明显。为此，县级环保部门应将管理队伍、技术服务延伸到广大农村地区，在乡镇一级设立环保所，切实避免"看得见但无权管"以及"有权管但看不见"的尴尬局面。同时，应依据不同区域乡村生态振兴的差异性，研究区域适宜性强的技术，注重培养乡土人才，为乡村生态振兴提供智力支撑。

3. 加强专业技术培训

依据新发展阶段乡村生态振兴对人才的需求，高校应承担起人

才培训的责任，通过学者下乡入户、基层人员进校等方式，进行有针对性的培训，打造一批具有乡土情怀的人才队伍，服务于乡村生态振兴。

（六）建立健全长效机制，为实现乡村生态振兴提供机制保障

实现农村生态环境、农业生产环境、农村人居环境的健康，推动乡村生态振兴走向健康发展之路，需要建立健全相应的长效机制。

1. 建立健全乡村生态振兴设施的运营管护机制

设施运营管护机制是一个迫切需要解决的老问题，但至今依然没有一个可以普遍推广适用的范例。为此，需要根据不同区域乡村生态振兴的具体内容，探索建立不同的机制。在此过程中，可以将"专业之事交由专业之人来做"作为原则，通过购买服务或者其他方式，建立有效的运营管护机制，保障基础设施的正常运营，并实现其可持续性。

2. 建立健全评估与监督机制

采取第三方参与模式，建立乡村生态振兴的评估与监督机制，乡村生态振兴措施是否取得了成效？农民对生态环境是否满意？需要开展定期的评估，根据评估发现的问题，及时调整相关政策及措施，这也是调动农民参与乡村生态振兴积极性的前提。同时，农民作为主体之一，可以发挥其监督作用，更好地推动乡村生态振兴。

3. 建立健全有效的参与机制

实现乡村生态振兴是一项复杂的系统工程，涉及政府、企业、农民、科研人员等不同的利益主体。为此，明确界定不同利益主体作用的边界，以及参与、协作途径，进而建立起有效的参与机制，是实现乡村生态振兴的关键之一。更重要的是，提高农民的生态环境意识，是建立有效参与机制的重要内容。

4. 建立健全干部监督考核机制

针对新发展阶段农村生态环境治理监管缺位问题，尽快建立评估与监督机制，将乡村生态振兴的相关内容纳入年度考核之中，逐渐形成多级管理体系，将考核绩效与奖惩、晋升等内容挂钩，以增强干部的责任感、使命感。此外，进一步细化考评内容和评分细则，制定《农村生态环境治理考核办法》，不断健全监督考核机制。

（七）完善制度体系建设，为实现乡村生态振兴提供制度保障

1. 制定系统完善的制度体系

为破解制度零散、单一的困境，应加强制度体系建设，为推动乡村生态振兴提供制度保障。依据乡村生态振兴的重点领域，整合零散分布在其他制度中的相关条款，为乡村生态振兴制定系统、完整的制度。同时，围绕乡村生态振兴，制定相应强制性制度、诱导性制度、协调性制度、激励性制度，并实现彼此之间的协调，共同推动乡村生态振兴。

2. 制定农民参与生态振兴的制度措施

在推进乡村生态振兴进程中，各级政府几乎承担了所有的基础设施建设费用，但后期的运营与管护中依然缺少农民的参与。特别是，农村生活垃圾、生活污水处理等领域，农民也不负担任何费用，基层政府又无法采取强制措施。因此，为唤醒农民在乡村生态振兴的主体意识，建议从国家层面出台制度性措施，采取区域差异化原则，按照人口收取一定的处理费用。同时，采取信息公开，加强监督管理，对乱收费现象进行严惩。

第四章　农村人居环境整治的理论问题及政策梳理

党的十八大以来，特别是《农村人居环境整治三年行动方案》实施以来，农村人居环境整治步入了快车道，农村环境基础设施水平得到显著提高，农村环境污染治理和生态资源保护持续加强，生态文明建设取得了长足进步。然而，农村生活垃圾处理、生活污水处理、"厕所革命"等依然是新发展阶段美丽乡村建设的弱项。这既有长期以来公共投入不足的因素，也有农村居民居住分散的客观现实。《中华人民共和国国民经济和社会发展第十四个五年规划和2035年远景目标纲要》将"城乡人居环境明显改善"作为"十四五"时期经济社会发展的目标之一，而且明确指出到2035年美丽中国建设目标基本实现。实施乡村建设行动，农村人居环境整治提升是重要内容，特别是农村人居环境整治提升五年行动的启动，必将再次加快农村生活垃圾处理、生活污水处理、"厕所革命"的步伐，更重要的是实现质量与效用的全面提升。

党的十九大报告提出，中国特色社会主义进入新时代，我国社会主要矛盾已经转化为人民日益增长的美好生活需要和不平衡不充分的发展之间的矛盾。绿色消费成为新时代的主旋律，安全的食品、清新的空气、洁净的饮水等自然也成为消费者关注的重点。要满足人民日益增长的生态产品需要，前提就是实现农村生态环境系统、农业生产环境系统以及农村人居环境系统自身的健康，换句话说，就是实现生态、生产、生活"三生"的有机统一。实施农村人居环境整治正是改善农村生活环境，实现美丽、健康的有效途径。

一　农村人居环境整治的内在本质

正如上面所述，农村人居环境整治是实现农村居民生活环境改善的途径。通过农村人居环境整治，使农村居民的生活环境变得更加美丽，农村人居环境系统更加健康，体现的是新发展阶段城乡之间的均衡、社会发展的公平。因此，"美丽、健康、均衡、公平"是农村人居环境整治的本质特征。

（一）景观美丽：农村人居环境整治的表象

党的十九大报告提出，建设生态文明是中华民族永续发展的千年大计。14亿中国人共同期盼天蓝、地净、水清的美丽中国。特别是，站在开启全面建设社会主义现代化国家的新征程，要充分考虑2035年乃至21世纪中叶美丽中国的建设目标。美丽乡村是美丽中国的重要组成部分，没有广大乡村的美丽，美丽中国就不全面、不完整。建设美丽乡村，关键是围绕着农村生态环境保护、农业生产环境改善以及农村人居环境整治三方面采取有效措施。实施农村人居环境整治，通过农村生活垃圾处理、生活污水处理、"厕所革命"、村容村貌改善等一系列工作，改善了农村居民生活环境，景观更加美丽，也推动了乡村生态振兴。更为重要的是，美丽景观也可以使农村居民心情愉悦。

（二）系统健康：农村人居环境整治的特质

上述谈及的美丽，是人居环境的一种外在之美，是用眼睛可以看得到的。美丽的人居环境背后体现的则是其内在之美，也就是系统的健康。可以说，系统健康是农村人居环境整治的重要特质。众所周知，维持健康的生态系统是实现人类可持续发展的必要条件。从这个意义上来讲，系统健康也为农村人居环境整治提供了管理和利用系统的崭新思路。在农村人居环境整治中，无论是生活垃圾处理、生活污水处理还是"厕所革命"，都出于实现农村人居环境系统的健康，特别是对生活污水的处理，采取一体化模式、氧化塘模式等，其目的就是将农村人居环境中的生活污水、生活垃圾以及厕所粪污等污染物进行有效处理，实现了资源化利用，改善了人居环境系统质量，提升了人居环境系统的健康水平。

（三）城乡均衡：农村人居环境整治的导向

所谓城乡均衡发展，就是要统筹城乡发展，做到人力、物力、财力和智力的统筹安排和协调。但由于城乡二元结构的长期存在，自上而下形成了"重城市、轻乡村"的思维定式，由此导致各级政府进行决策之时，很难将乡村与城镇放在平等的框架之内统筹考虑。因此，无论是生态环境保护基础设施，还是基本公共服务，都没有充分延伸到广大农村，以致造成生态环境城乡之间的巨大差距。党的十八大以来，特别是实施乡村振兴战略以来，城乡均衡发展成为新时代发展的目标导向，作为乡村生态振兴重要组成部分的农村人居环境得到高度关注，并实施了《农村人居环境整治三年行动方案》，助推了各种资源要素向农村的倾斜，农村人居环境整治取得了显著成效，在一些区域已逐渐实现了城乡均衡。

（四）社会公平：农村人居环境整治的目的

社会公平，体现的是人们之间一种平等的社会关系，包括生存公平、产权公平和发展公平。促进社会公平正义、增进人民福祉是全面深化改革的出发点和落脚点，也是中国共产党治国理政的重要价值取向。在社会主义现代化建设中，追求社会的公平与公正一直是社会主义的一个基本目标和核心价值。习近平总书记指出："发展必须是科学发展，必须坚定不移贯彻创新、协调、绿色、开放、共享的发展理念。"其中，共享发展注重解决社会公平正义问题。实施农村人居环境整治以来，各级政府投入了大量的资金，用于农村生活垃圾处理、生活污水处理、"厕所革命"以及村容村貌改善等基础设施建设，有效地改善了农村人居环境质量，农村居民的生态福祉得到提升，也使农村居民分享到改革的红利，充分体现了我国社会主义的优越性。

二 农村人居环境整治的理论问题

农村人居环境整治实施以来，农村人居环境质量得到了明显的改善。新发展阶段，基于 2035 年远景目标导向，国家提出了实施乡村建设行动，并启动了农村人居环境整治提升五年行动。农村人居环境整治需要回答整治主体、整治内容、整治模式、整治机制、整治保障等理论问题，这也是农村人居环境整治实践中的关键问题。

（一）农村人居环境整治的主体

从理论上来讲，农村人居环境整治的主体自然应该是农村居民；但在实践中，却出现了主体的错位，即基础政府各个职能部门替代农民，成为主体，本应成为主体的农民则游离在主体之外。事实上，农村人居环境整治是一项系统工程，参与主体具有多元化特征，而且需要彼此之间的协同行为。对于党委、政府而言，应落实其主体责任，发挥其组织引导作用；对农民而言，应发挥其主体作用，这是确保农村人居环境整治成效的关键。同时，应对参与企业的作用边界进行明确，更好地发挥其市场作用。

（二）农村人居环境整治的内容

《农村人居环境整治三年行动方案》提出 6 项重点任务，即推进农村生活垃圾治理、开展厕所粪污治理、梯次推进农村生活污水治理、提升村容村貌、加强村庄规划管理，以及完善建设和管护机制。当前，着重整治的内容是农村生活垃圾处理、生活污水处理、厕所革命、村容村貌提升四个方面，也就是硬件设施建设方面，而对村庄规划、管护机制两个方面则关注不够。前四个方面是基础，后两个方面则是保障基础设施成效持续发挥的重要保障。2021 年中央一号文件《中共中央国务院关于全面推进乡村振兴加快农业农村现代化的意见》《农村人居环境整治提升五年行动方案（2021—2025）》提出了农村生活垃圾处理、生活污水处理、厕所革命、村容村貌改善等。

（三）农村人居环境整治的模式

能否实事求是、因地制宜地选择模式，是保障农村人居环境整治发挥成效的关键。我国地域广袤，不同区域的社会经济发展水平、生态环境条件、民风民俗等都具有明显的差异性特点，整治模式一定要体现出多样化特征，这样才能保障设施发挥成效。为此，应充分发挥农民的创造性，让广大的农村居民积极参与其中，选择最适合的整治模式。

（四）农村人居环境整治的机制

完善的农村人居环境整治长效机制，是保障设施成效发挥及持续性的重要方面。这不仅包括了基础设施的运营管护机制，还包括评估机制、监督机制以及参与机制。每一种机制对农村人居环境整治设施及其运营都是至关重要的，缺少其一，农村人居环境整治成效都会受到影响。

（五）农村人居环境整治的保障

对该问题的回答，实质上就是农村人居环境整治提升的策略或者保障体系。农村人居环境整治提升是一项系统工程，面向2035年远景目标，农村人居环境整治提升更需要采取有效的策略，建立更为全面、精准、有效的保障体系。不但需要资金保障，而且需要技术保障，更需要制度保障，确保农村人居环境整治提升目标的实现。

三　农村人居环境整治相关政策梳理

农村人居环境保护和整治涉及村庄规划、生活污水治理、垃圾处理、农业废弃物回收处理、改厕等诸多方面，对当前已有的政策文件和法律法规进行梳理，了解和发现我国目前关于农村环境保护和整治政策和法律层面已有的经验和存在的问题，对于之后构建和完善农村人居环境整治相关的法律法规体系，制定切实可行的政策措施具有重要的现实意义。

首先从中央一号文件等国家重大战略层面的政策文件中梳理与农业农村环境保护与整治相关的内容，并对这些政策演变的特征和内在的逻辑机理进行说明；然后对专门针对农村人居环境建设和整治相关政策文件进行梳理，了解我国目前关于农村环境保护和整治政策层面已有的内容和存在的问题。

（一）农村人居环境整治相关政策的内容

对近年来相关政策进行了梳理，见表4-1。这些政策文件明确了农村人居环境整治的主要内容、重要意义、在一定时期内应该达到的目标、整治行动遵循的原则、需要完成的重要任务、行动执行的方式、采取的一般步骤和保障措施等。但是这些政策里并没有详细规定各部门的职责范围、任务分工、考核与奖惩办法，也没有具体的整治标准和执行标准；比如2018年出台的《关于推进农村"厕所革命"专项行动的指导意见》中提到建立群众监督机制，通过设立举报电话、举报信箱等方式，接受群众和社会监督。但是在农村人居环境整治过程中，基层政府并没有宣传群众监督机制的具体实行办法，往往老百姓监督无门，特别是有些村庄，大部分居住的是老年人，青壮年则外出打工，这种情况下老年人更是投诉不知渠道，也无力投诉。另外，我国各个地方的地理地形、气候、经济发展水平、人口密度、集聚程度等不同，生活垃圾产生量和生活污水排放量等也会不同，因此中央政府鼓励各地立足实际、因地制宜地推进农村人居环境整治行动。但是却没有要求各基层政府做出具体的、符合当地农村实际情况（经济水平、地理地形、气候、人口情况等）的整治方案报上一级政府审核，更没有要求各基层政府及时反馈整治效果，在没有专门的法律约束力情况下，往往变成了地方政府注重自上而下的推进，忽视了自下而上的反馈，造成了基层政府为了完成上级下达的任务，代替农民成为农村人居环境整治的主体，而忽视了整治效果最终是为了农民，是为了提高农民的生活幸福度和满意度。如果乡镇把管辖范围内村庄的整治效果反馈给县一级单位，县级单位根据实际调查情况和乡镇反馈信息总结整治现状、出现问题、整治效果，并找出解决对策等反馈给市级单位，这样层层反馈效果和层层监督，重建设、轻管护的应付任务式的整治现象才能改善。

表 4-1　　　　　　　农村人居环境整治相关政策内容

年份	文件名称	相关内容
2001	《农村小型公益设施建设补助资金管理试点办法》	中央财政为支持农村供水、农村能源、小型生态公益林、小型水土保持、小型农田水利设施等农村小型公益设施的建设安排的补助资金
2005	《中共中央关于制定国民经济和社会发展第十一个五年规划的建议》	提出要按照"生产发展、生活富裕、乡风文明、村容整洁、管理民主"的要求，扎实推进社会主义新农村建设
2005	《中共中央、国务院关于推进社会主义新农村建设的若干意见》	加强农村基础设施建设，改善社会主义新农村建设的物质条件；加快发展农村社会事业，培养推进社会主义新农村建设的新型农民
2008	《中共中央关于推进农村改革发展若干重大问题的决定》	科学制订乡镇村庄建设规划，确保"十一五"时期末基本实现乡镇通油（水泥）路，进而普遍实现行政村通油（水泥）路，逐步形成城乡公交资源相互衔接、方便快捷的客运网络，推进广电网、电信网、互联网"三网融合"，积极发挥信息化为农服务作用
2008	《财政部国家税务总局关于资源综合利用及其他产品增值税政策的通知》	对销售以城市生活垃圾、农作物秸秆、树皮废渣等垃圾为燃料生产的电力或者热力实行增值税即征即退的政策；对污水处理劳务免征增值税
2009	《环境保护部、财政部、发展改革委关于实行"以奖促治"加快解决突出的农村环境问题的实施方案》	通过"以奖促治"，推动污染防治的重点流域、区域和问题严重地区开展农村环境集中整治，着力解决危害群众身体健康、威胁城乡居民食品安全、影响农村可持续发展的突出环境问题

续表

年份	文件名称	相关内容
2009	《财政部、环境保护部关于印发中央农村环境保护专项资金管理暂行办法》	专门用于农村环境整治与保护，指出了专项资金的支持范围、管理与监督检查
2012	《财政部国家税务总局关于公共基础设施项目和环境保护节能节水项目企业所得税优惠政策问题的通知》	企业从事符合《公共基础设施项目企业所得税优惠目录》规定，于2007年12月31日前已经批准的公共基础设施项目投资经营的所得，以及从事符合《环境保护、节能节水项目企业所得税优惠目录》规定，于2007年12月31日前已经批准的环境保护、节能节水项目的所得，可在该项目取得第一笔生产经营收入所属纳税年度起，按新税法规定计算的企业所得税"三免三减半"优惠期间内，自2008年1月1日起享受其剩余年限的减免企业所得税优惠
2014	《国务院办公厅关于改善农村人居环境的指导意见》	肯定了农村人居环境逐步得到改善的同时认清了我国农村人居环境总体水平仍然较低，在居住条件、公共设施和环境卫生等方面与全面建成小康社会的目标要求还有较大差距的现实，提出了建成一批各具特色的美丽宜居村庄的目标任务
2017	《农村人居环境整治三年行动方案》	提出以农村垃圾、污水治理和村容村貌提升为主攻方向，到2020年，实现农村人居环境明显改善，村庄环境基本干净整洁有序，村民环境与健康意识普遍增强
2018	《国家发展改革委关于扎实推进农村人居环境整治行动的通知》	指出发展改革部门将进一步把思想、认识、行动统一到党中央、国务院决策部署上来，真正把农村人居环境整治行动抓出成效来
2018	《住房城乡建设部中国农业发展银行关于做好利用抵押补充贷款资金支持农村人居环境整治工作的通知》	用于解决农村基础设施建设资金短缺问题，具体支持范围包括：农村基础设施和公共服务设施建设、农村环境整治项目、农村住房条件改善、农村建设风貌提升、传统村落民居和历史文化名村名镇保护等乡村开发建设
2018	《关于推进农村"厕所革命"专项行动的指导意见》	指出推进农村"厕所革命"专项行动的重要意义、思路目标、基本原则、重点方案、保障措施
2019	《政府工作报告》	提出因地制宜开展农村人居环境整治，推进"厕所革命"、垃圾污水治理，建设美丽乡村
2019	《中央农办、农业农村部等7部门关于切实提高农村改厕工作质量的通知》	针对一些地方农村户用厕所建设改造存在的问题，提出严把领导挂帅关、分类指导关、群众发动关、工作组织关、技术模式关、产品质量关、施工质量关、竣工验收关、维修服务关、粪污收集利用关

资料来源：笔者根据相关资料整理。

通过梳理 2001—2019 年农村人居环境建设和整治相关的政策发现：第一，资金支持范围逐渐扩大，资金支持范围从农村小型公益设施建设逐渐扩大到整个农村环境保护。第二，投入机制多元化，从国家财政支持扩大到包括金融支持政策、税收支持政策等在内的一系列配套经济政策。第三，政策支持力度不断加大，住建部、环境保护部、农业部、水利部、财政部等多部门协作共同推动农村人居环境整治行动。第四，整治行动更加具有针对性和科学性，农村垃圾、污水治理、厕所革命和村容村貌是农村人居环境整治的重点和难点，通过先易后难、先试点再推广的方式稳步推进。

（二）农村人居环境相关政策的演变特征

表 4-2 是 2005 年以来中央一号文件中有关农村人居环境整治的相关内容。从中可以看出，农村人居环境建设从低水平的自主发展逐渐向高水平的持续提升转变；随着城乡关系的变化发展，农村人居环境建设的深度和广度不断拓展，整治力度加大，并呈现出以下特点。

表 4-2　2005 年以来的中央一号文件有关农村人居环境整治的相关内容

年份	中央一号文件相关内容
2005	加强艾滋病、血吸虫病等重点疾病的防治工作，推动改水改厕等农村环境卫生综合治理
2006	加强村庄规划和人居环境治理。引导和帮助农民切实解决住宅与畜禽圈舍混杂问题，搞好农村污水、垃圾治理，改善农村环境卫生
2007	治理农村人居环境，搞好村庄治理规划和试点，节约农村建设用地
2008	继续改善农村人居环境。有序推进村庄治理，继续实施乡村清洁工程，开展创建"绿色家园"行动

年份	中央一号文件相关内容
2010	实行以奖促治政策，稳步推进农村环境综合整治，搞好垃圾、污水处理，改善农村人居环境
2012	把农村环境整治作为环保工作的重点，完善以奖促治政策，逐步推进城乡同治。加快农业面源污染治理和农村污水、垃圾处理，改善农村人居环境
2013	加强农作物秸秆综合利用。搞好农村垃圾、污水处理和土壤环境治理，实施乡村清洁工程，加快农村河道、水环境综合整治
2014	开展村庄人居环境整治。加快编制村庄规划，推行以奖促治政策，以治理垃圾、污水为重点，改善村庄人居环境
2015	全面推进农村人居环境整治。继续支持农村环境集中连片整治，开展农村垃圾专项整治，加大农村污水处理和改厕力度，加快改善村庄卫生状况
2016	继续推进农村环境综合整治，完善以奖促治政策，扩大连片整治范围。实施农村生活垃圾治理5年专项行动。采取城镇管网延伸、集中处理和分散处理等多种方式，加快农村生活污水治理和改厕
2017	深入开展农村人居环境治理和美丽宜居乡村建设。推进农村生活垃圾治理专项行动，促进垃圾分类和资源化利用，选择适宜模式开展农村生活污水治理，加大力度支持农村环境集中连片综合治理和改厕
2018	持续改善农村人居环境。实施农村人居环境整治三年行动计划，以农村垃圾、污水治理和村容村貌提升为主攻方向，整合各种资源，强化各种举措，稳步有序推进农村人居环境突出问题治理。坚持不懈推进农村"厕所革命"，大力开展农村户用卫生厕所建设和改造，同步实施粪污治理，加快实现农村无害化卫生厕所全覆盖，努力补齐影响农民群众生活品质的短板
2019	抓好农村人居环境整治三年行动。深入学习推广浙江"千村示范、万村整治"工程经验，全面推开以农村垃圾污水治理、厕所革命和村容村貌提升为重点的农村人居环境整治，确保到2020年实现农村人居环境阶段性明显改善，村庄环境基本干净整洁有序，村民环境与健康意识普遍增强
2020	扎实搞好农村人居环境整治。分类推进农村厕所革命，东部地区、中西部城市近郊区等有基础有条件的地区要基本完成农村户用厕所无害化改造，其他地区实事求是确定目标任务。各地要选择适宜的技术和改厕模式，先搞试点，证明切实可行后再推开。全面推进农村生活垃圾治理，开展就地分类、源头减量试点。梯次推进农村生活污水治理，优先解决乡镇所在地和中心村生活污水问题。开展农村黑臭水体整治
2021	实施农村人居环境整治提升五年行动。分类有序推进农村厕所革命，加快研发干旱、寒冷地区卫生厕所适用技术和产品，加强中西部地区农村户用厕所改造。统筹农村改厕和污水、黑臭水体治理，因地制宜建设污水处理设施。健全农村生活垃圾收运处置体系，推进源头分类减量、资源化处理利用，建设一批有机废弃物综合处置利用设施。健全农村人居环境设施管护机制。有条件的地区推广城乡环卫一体化第三方治理

资料来源：笔者根据相关资料整理。

1. 2005 年以前，以农支城的乡村建设与人居环境整治

2005 年以前，我国实行的是以农支城优先发展城市的战略，中央一号文件主要关注提高农业生产能力、增加农民收入，此时乡村建设基本上处于低水平的自主发展阶段。1982—1986 年的中央一号文件聚焦"肯定包产到户、包干到户制""放活农村工商业""发展农村商品生产""改革农产品统购派购制度""调整工农城乡关系"等问题，通过明确家庭联产承包责任制、调整农业产业结构等，提高了农民的生产积极性，这期间农业对工业化发展和城市化建设做出了巨大的贡献，但是农村人居环境建设发展缓慢。2004 年和 2005 年的中央一号文件在强调加强农业基础设施建设、改善农业发展环境的同时，提出加快农村的小城镇建设。通过梳理 7 个中央一号文件发现，关于乡村建设与人居环境整治的内容很少，国家对农村建设的投资也非常有限，因此鼓励经济发达地区加快村庄建设与环境整治，鼓励贫困地区依靠地方集资、农民自己出劳力建设，农村人居环境建设整体上处于低水平发展阶段。

2. 2005 年以后，以城带乡的乡村建设与人居环境整治

2005 年中央提出"以工补农、以城带乡"新的城乡关系大政方针后，尤其是 2006 年提出新农村建设后，城乡关系进入统筹发展阶段，基本上每年的中央一号文件都有关于乡村建设与人居环境整治的相关内容，农村建设和环境整治得到了高度重视，投资规模逐渐扩大，资金支持范围从农村基础设施建设扩大至整个农村人居环境建设与整治，建设内容更加充实，从单纯满足生活刚需的设施建设逐渐向构建生产发展、生活富裕、乡风文明、村容整洁、管理民主的新农村建设转变；2013 年中央一号文件提出把城乡发展一体化作为解决"三农"问题的根本途径后，从城乡统筹发展迈向城乡一体化发展，农村人居环境建设与整治稳步推进，试点范围进一步扩大，建设主体也变得多元化；2018 年中央一号文件指出坚持城乡融合发展，加快形成工农互促、城乡互补、全面融合、共同繁荣的新型工农城乡关系，城乡关系进入一个新的发展时期，从城乡一体化发展逐渐迈向城乡融合发展，农村人居环境建设进入快速发展期，各省份都大力推进农村人居环境整治行动，涌现了一批农村人居环境整治典型亮点，形成好的模式做法有待总结推广，但也存在许多问题，未来推进农村人居环境整治行动面临着新的挑战。

（三）农村人居环境整治的演变特征

通过梳理 1982—2019 年的中央一号文件可以看出，2005 年以前的中央一号文件主要侧重农业资源保护、农业区划、农村小城镇的规划与建设等内容，顺便兼顾农村重大基础设施建设，建设的主要目的是改善农业发展环境，提高农业抗御自然灾害的能力；建设内容较少，建设范围较窄，且建设资金受限，因此国家鼓励农民集资自己发展农村事业，有限的国家投资只能用于群众力所不及的重大建设项目，其他基础设施和公共服务设施所需要的投资主要依靠农业本身的资金积累和劳动力积累。自 2005 年提出社会主义新农村建设后，农村建设投资规模进一步增加，建设内容更加充实，建设的重点从供水、用电、燃料等设施建设转向兼顾社会保障、环境卫生、教育科技、文体项目等方面。2016 年中央一号文件提出开展美丽宜居乡村建设后，农村人居环境整治进入了全面开展、深入推进时期，朝向城乡基础设施互联互通、城乡基本公共服务均等化发展。

1. 农村人居环境整治的范围逐渐扩大

第一，从侧重农村人居硬环境逐渐转向农村人居硬环境、人居软环境同时兼顾发展，建设内容从饮水、行路、用电和燃料扩大到基本医疗、教育改革、社会保障、文化体育设施建设等方面，更加注重农民生活幸福感的提升。第二，建设范围逐渐扩大，把人口较少的民族地区、偏远山区、学校等逐渐纳入建设范围。2004 年的中央一号文件提出要进一步增加"六小工程"的投资规模，充实建设内容，扩大建设范围；2007 年的中央一号文件强调优先解决人口较少民族、水库移民、血吸虫病区和农村学校的安全饮水；2009 年的中央一号文件提出加大投资和建设力度，把农村学校、国有农（林）场纳入建设范围。第三，对贫困地区，尤其是西部地区农村人居环境整治加大了支持力度，从最初提出有条件的地区率先治理，允许经济发达地区农村加快整治步伐，逐渐兼顾贫困地区的农村建设和环境整治。1985 年的中央一号文件提出允许经济发达地区通过社会集资修建公路；2004 年的中央一号文件指出有条件的地方要加快推进村庄建设与环境整治；2005 年以后，中央政府对农村，尤其是贫困地区的农村建设加大了投资力度。2007 年的中央一号文件提出要加大对贫困地区农村水电开发的投入和信贷支持；2009 年中央一号文件提出加大中央财政对中西部地区农村公路建设投资力度，建立农村客运政策性补贴制度；2013 年中央一号文件提出推进西部地区、连片特困地区乡镇、建制村通沥青（水泥）路建设；2014 年的中央一号文件提出以西部和集中连片特困地区为重点加快农村公路建设，加强农村公路养护和安全管理，推进城乡道路客运一体化。

2. 农村人居环境整治从试点到稳步推进

我国农村人居环境整治采取先易后难、先试点再推广的方式，不断推进整治工作，提高农村人居环境质量。第一，试点范围逐渐扩大。2004 年的中央一号文件提出开展节水灌溉、人畜饮水、乡村道路、农村沼气、农村水电、草场围栏等"六小工程"；2005 年、2006 年、2007 年和 2008 年连续四年提出扩大"小水电代燃料"工程试点规模和实施范围；2010 年的中央一号文件再次提出继续实施小水电代燃料工程。第二，试点内容逐渐扩大。2008 年的中央一号文件提出鼓励各地开展农村社会养老保险试点；2009 年的中央一号文件提出扩大农村危房改造试点；2010 年的中央一号文件提出开展农村排水、河道疏浚等试点；2014 年的中央一号文件提出开展城乡计生卫生公共服务均等化试点和农村公共服务标准化试点工作；2015 年的中央一号文件提出加大农村危房改造力度，扩大农村公共服务运行维护机制试点范围。第三，资金支持范围逐渐扩大。2006 年的中央一号文件提出逐步把农村公路等公益性基础设施的管护纳入国家支持范围；各级政府要切实加强村庄规划工作，安排资金支持编制村庄规划和开展村庄治理试点；2009 年的中央一号文件提出扩大农村公益事业一事一议财政奖补试点范围，中央和试点地区省级财政要增加试点投入；2016 年的中央一号文件提出逐步把农村环境整治支出纳入地方财政预算，将农村公路养护资金逐步纳入地方财政预算。

3. 探索了一系列农村人居环境整治模式

中央政府鼓励各地立足实际、因地制宜地探索农村人居环境整治模式，是符合我国国情的。我国各个地方的地理地形、气候、经济发展水平、人口密度、集聚程度等不同，生活垃圾产生量和生活污水排放量等也会不同，因此推进人居环境整治不能"一刀切"。早在 2004 年，中央一号文件就提出各地要从实际出发，因地制宜地开展雨水集蓄、河渠整治、牧区水利、小流域治理、改水改厕和秸秆气化等各种小型设施建设；2006 年的中央一号文件更是提出可从各地实际出发制定村庄建设和人居环境治理的指导性目录，重点解决农民在饮水、行路、用电和燃料等方面的困难，凡符合目录的项目，可给予资金、实物等方面的引导和扶持；之后的中央一号文件有侧重点地提出了因地制宜开展农村基础设施建设、燃料、村庄规划、生活污水治理等。2011 年和 2014 年的中央一号文件分别提出因地制宜兴建中小型水利设施、因地制宜发展户用沼气和规模化沼气；2015 年的中央一号文件鼓励各地从实际出发开展美丽乡村创建示范，有序推进村庄整治，切实防止违背农民意愿大规模撤并村庄、大拆大建；2017 年的中央一号文件提出选择适宜模式开展农村生活污水治理，加大力度支持农村环境集中连片综合治理和改厕；2019 年的中央一号文件提出农村人居环境整治工作要同农村经济发展水平相适应、同当地文化和风土人情相协调，注重实效，防止做表面文章；鼓励各地立足实际、因地制宜，合理选择简便易行、长期管用的整治模式，集中攻克技术难题。

4. 建立了农村人居环境整治长效机制

中央对建立农村人居环境建设运营管护机制十分重视。早在2004年，中央一号文件就提出创新和完善农村基础设施建设的管理体制和运营机制；2005年的中央一号文件提出统筹考虑农村公路建设的技术标准、质量管理和养护等问题，合理确定农村公路投资补助标准；2007年的中央一号文件首次提出完善农村公路筹资建设和养护机制；2008年的中央一号文件提出要强化农村公路建设质量监管，推进农村公路管理养护体制改革；2010年的中央一号文件再次指出要全面完成"十一五"时期农村公路建设任务，落实农村公路管理养护责任，推进城乡客运交通一体化；之后，不再单单强调农村公路建设管理养护机制的构建，而是把其他基础设施也涵盖进来，强调建立健全农村公共服务运行维护机制；2013年的中央一号文件就指出加大公共财政对农村基础设施建设的覆盖力度，逐步建立投入保障和运行管护机制；2015年的中央一号文件又提出扩大农村公共服务运行维护机制试点范围，重点支持村内公益事业建设与管护；另外，为了解决农村基础设施运营管护费用不足的问题，2016年的中央一号文件提出深化小型农田水利工程产权制度改革，创新运行管护机制，鼓励社会资本参与小型农田水利工程建设与管护；2019年的中央一号文件提出健全村庄基础设施建管长效机制，明确各方管护责任，鼓励地方将管护费用纳入财政预算。

四 农村人居环境整治相关法规梳理

农村人居环境建设和整治涉及村庄规划、生活污水治理、垃圾处理、农业废弃物回收处理、改厕等许多内容，关系到住建部、环境保护部、农业部、水利部等多个部门，对当前已有的法律法规进行梳理，发现我国目前关于农村环境保护和法律治理层面已有的经验和存在的问题，对于之后构建和完善农村人居环境整治相关的法律体系具有重要的现实意义。

从表4-3中可以看出，一些法律、法规、条例中都有涉及农村人居环境整治的相应条款，为农村人居环境整治提供了法制保障。

表4-3　　　　农村人居环境整治的相关法律法规内容

年份	法律法规名称	相关内容
1984	《中华人民共和国水污染防治法》	统筹规划农村污水、垃圾处理设施，制定化肥、农药等产品的质量标准和使用标准，畜禽养殖场、养殖小区建设畜禽粪便、废水的综合利用或者无害化处理设施建设
1988	《中华人民共和国水法》	侧重从水资源规划、开发利用、保护、纠纷处理与法律责任等方面规定水资源管理
1989	《中华人民共和国环境保护法》	提出县级、乡级人民政府应当提高农村环境保护公共服务水平，推动农村环境综合整治
1995	《中华人民共和国固体废物污染环境防治法》	提出县级以上人民政府应当统筹安排建设城乡生活垃圾收集、运输、处置设施
2013	《畜禽规模养殖污染防治条例》	对畜禽养殖废弃物综合利用、污染防治及配套设施建设等作出了规定

资料来源：笔者根据相关资料整理。

1984 年，《中华人民共和国水污染防治法》出台，2017 年第三次修订。该法第四章第四节专门针对农业和农村水污染防治作出了规定，指出地方各级人民政府应当统筹规划建设农村污水、垃圾处理设施，并保障其正常运行。

1988 年，《中华人民共和国水法》出台，2016 年第三次修订。该法更多地强调提高城市生活用水效率和城市污水再生利用率。但是对于占用农业灌溉水源、灌排工程设施，破坏原有灌溉用水、供水水源的行为惩罚过轻，对农业灌溉用水保护不足，对农村生活用水效率和农村污水再生利用率不够重视。

1989 年，《中华人民共和国环境保护法》出台，2014 年修订。该法第三章第三十三条提出县级、乡级人民政府应当提高农村环境保护公共服务水平，推动农村环境综合整治，但是这种表述法律强制性不足。

1995 年，《中华人民共和国固体废物污染环境防治法》出台，2019 年第五次修订。该法第三章第三节针对生活垃圾污染环境的防治作出了规定，涉及城市生活垃圾处理的内容较多，并未详细列出农村生活垃圾污染环境防治的具体办法，只是简单地指出由地方性法规规定。

2013 年，《畜禽规模养殖污染防治条例》颁布，该法是我国第一部国家层面上专门针对农业环境保护的法律法规。第十三条对未建设污染防治配套设施或者自行建设的配套设施不合格，作出了明确的处罚规定，有利于改善农村环境。

通过对以上法律法规的梳理，发现我国目前还没有一部国家层面上专门的农村环境保护类法律法规，已有的法律法规涉及农村环境保护和治理的内容较少，相关表述也缺乏法律强制性，目标定位不够清晰，对相关主体的责任规定也不够具体，惩罚力度也较轻；再者，农村人居环境建设和整治涉及村庄规划、生活污水治理、垃圾处理、农业废弃物回收处理、改厕等许多内容，关系到住建部、环境保护部、农业部、水利部等多个部门，职责存在交叉的地方，任务分工难以细化，整治过程中不仅很难追究责任，而且容易出现扯皮现象。另外，这些法律法规关于农村环境保护的内容过于粗略，应该细化农村人居环境整治的内容，并且制定农村生活垃圾、污水等处理设施的技术规范、建设标准、评估办法、考核机制等。

第五章　农村人居环境整治的国际经验及启示

农村人居环境整治虽然是一个中国化的概念，但其具体内容农村生活污水、生活垃圾处理和农村厕所改造等却是各个国家都面临的问题，一些国家在农村生活污水、生活垃圾处理方面探索处理符合本国国情的模式。本部分从农村生活污水处理、农村生活垃圾处理和农村厕所改造三个方面梳理国外的做法及经验并进行阐述，然后从中提炼出对我国农村人居环境整治的启示。

一　农村生活污水治理的国际经验和启示

农村生活污水治理是改善农村人居环境状况，提升农村居民生态福祉的重要内容之一，引起了国内外政府和学术界的广泛关注，总结和梳理国外农村生活污水治理的国际经验，探寻国际经验对我国农村生活污水治理的启示，对于我国开展农村生活污水治理工作具有重要意义。

（一）农村生活污水治理的国际经验

1. 欧盟的做法及经验

在农村生活污水处理方面，欧盟有明确的责任划分。由于欧盟国家基础设施建设比较完善，良好的公路网络体系已经扩散到广大农村。政府也用于大量财力在公路沿线铺设集中式的排污管道。例如，意大利主要以集中纳管的方式处理农村污水，对能够进入污水管网的农户要求都尽可能地使用管道。排水管网沿着公路建设，各主体的承担责任也以公路级别进行划分。中央、大区和省政府分别负责国道、区道、省道污水管网的建设，基层政府负责干线到农村直线管网的建设和投资，用户则承担将公共管道连接到自己私有土地上的费用。高昂的运营维修责任由政府承担，但农村用户需要向政府支付污水处理费以实现运营成本的回收，考虑到农村地区支付能力较弱，农村地区的污水和垃圾处理一般只按城镇居民标准的30%收取。对不能接上排污管的农村居民由专门的服务公司帮助用户建立家庭式污水储存与净化池，用户每年缴纳一定的费用以支付专业人员一年一度的清理服务，保障设备持续有效运行。

2. 美国的做法及经验

美国关注农村污水治理较早，其突出的特点就是采取一系列分散型污水处理技术替代传统技术，与此同时配以完善的管理机制，有效地解决了农村生活污水处理问题。

从农村生活污水处理技术层面来讲，美国分散型污水处理技术可以基本概括为传统的土地处理系统以及其他替代系统。分散型污水处理技术包括如下几个方面：一是化粪池—土壤吸收系统。一般包括化粪池与吸收场地两部分，化粪池作为污水初级处理单元，起到污水的收集和初级处理功能。该系统的使用对土壤、地质要求较高。二是土墩系统。该系统是高于自然土表的、装载有填料的污水处理方式。填料是土墩系统中的重要处理单元。不同结构的填料应用于土墩系统，具有不同的处理效果。三是砂滤系统。该系统是指采用介质对污染物进行截留和生物降解的处理装置，其结构各异，灵活性大，适用范围广。四是污水蒸散系统。该系统是通过土壤表面蒸发和植物蒸腾作用等物理力将污水排入大气的污水处理设施。主要由防渗衬垫、布水管和砂床组成，砂床表面可以种植植被。蒸散系统的蒸散速率与植物的生长情况以及营养物的可及性有关，不同的树种处理效果也不相同。五是一体化处理装置。该装置是预制造的污水就地处理设施，适用于人口较少、污水流量较小的区域。传统处理装置需要就地安装，而一体化处理装置的处理组件直接在工厂进行装配，然后运输至指定地点。其结构紧凑、施工工程量小。集成式的污水处理设施一般具有基本的物理处理单元，包括混凝、絮凝、沉淀、过滤等。

从农村生活污水分散治理的管理机制来看，主要包括如下几个方面：一是完善的管理条例。为了维持分散型污水处理系统的良好运行，美国分散型生活污水治理有相关法律法规的条款保障。在州层面，分散型生活污水治理的管理要求通常以涉及相关领域的法令形式出现，法令种类较多，涉及公共安全法、妨害行为法、环境保护法或建筑法规等。但在大多数州，就地处理系统的管辖权一般下放至县或其他地方管理部门。地方管辖部门在执法时可以直接执行州制定的法规或执行自行制定的更严格法规。除了强制执行的法律要求外，还分别于 2003 年和 2005 年发布了《分散型处理系统管理指南》和《分散型污水处理系统管理手册》，对分散型处理系统的管理予以指导，帮助社区管理者与户主进行处理系统的运行和维护。二是突出运行维护。美国分散型污水处理设施管理分为 5 种模式，分别是户主自主模式、维护合同模式、运行许可模式、集中运行模式和集中运营模式。较为简单的系统可以通过户主教育，依靠户主自行维护；较为复杂的系统则需要供应商提供维修服务；由管理责任实体运行的系统则由管理实体负责维护。分级管理维护可以最有效率地保障处理系统的性能。不同的处理系统维护内容存在差异。为了保证维修服务便于追溯查询，每次维修服务后需要进行登记，必要时使用联网监测设施。三是注重公众教育。公众教育有利于提高处理系统相关的操作与管理人员维护系统的意识和能力，主要内容包括提醒用户定期维护、分发多媒体资料等。四是加强部门合作。这些合作包括了联邦、州与地方政府之间、联邦与合作组织之间，以及州与州之间的合作，特别是注重区域合作和信息的共享。

3. 日本的做法及经验

日本土地资源稀缺性较强，因此其土地政策较为特殊，由此导致了很多小规模农户遍布广大乡村。与主要发达国家相比，日本农村生活污水的治理水平较高。一个突出的特点，就是日本农村生活污水治理设施的权责清晰且明确，主要体现在污水处理技术的目

的、对象人口、处理方式、补助主体、补助率等多方面。经过多年
的努力，逐渐形成了一套政府主导、第三方负责、居民配合的方
式，形成了比较完善和有效的农村生活污水管理体系。

从农村生活污水处理的模式来看，日本主要通过村落排水设施、
家庭设施和集体宿舍处理设施这三种模式来治理农村生活污水，三
种模式分别适用于不同的居住形式。其中，家庭设施和村落排水设
施依据《净化槽法》，集体宿舍是日本政府机构在农村地区建设的
具有小区规模的福利性质的集体宿舍楼，这些集体宿舍附设粪便处
理设施，依照《废弃物处理法》推进，相当于小区的污水处理（见
表5-1）。

表 5-1　　　　　　　　日本农村生活污水处理模式

模式	类别	适用范围
村落排水设施	农村村落排水设施 渔业村落排水设施 林业村落排水设施 简易排水设施 小规模集合排水处理设施	农村振兴区域内，规划规模20户以上，人口大约1000人以下。 渔业村落，规划人口为100—5000人。 林业振兴区域内，原则20户以上。通过林业区域综合治理事业实施。 山村地区等3户以上20户以下。 10户以上20户以下，地方单独事业
家庭设施	家庭粪便废水治理 特殊地域生活排水处理设施 合并处理净化槽	在集中处理区域的周边地区实施 以饮用水水源地保护为目的 个人家庭设置时，由市町村补助
集体处理宿舍处理设施		服务人口1万—3万人

资料来源：笔者根据相关资料整理。

从农村生活污水处理的技术来看，净化槽是日本一种小型的且
以家庭为单位的生活污水处理一体化设备设施，适用于分散的农户

家庭生活污水处理，具有投资少、占地面积较小、安装方便、排水管道较短以及对地形要求不高等优点。主要针对单独住宅且人口数量在 10 人以下的排水管网不能覆盖、生活污水不能纳入集中处置设施的偏远地区推广和使用。净化槽采用的工艺主要包括厌氧过滤、膜处理、消毒、接触氧化及活性污泥工艺。日本的净化槽技术已经形成了一套比较完整的法律法规、技术标准和技术服务体系。该技术在日本分散式污水治理以及实现环保的目标中发挥了重要的作用。

从农村生活污水处理设施的运营与管理机制来看，日本村落以上的污水设施大多具有公营性质，总务省和农林水产省负责管理村落公营的污水处理工程，各级自治体负责筹集建设费用，用户需负担基础水价加阶梯水价令其收回运营成本和部分建设责任，此外，国家会给予一定的财政支持。分散的家庭式处理设施归环境省负责管理与推进，用于支持将单独处理粪便的净化槽改造为合并处理的农村家庭。根据《净化槽法》，用户需要自己建设标准化的家庭式污水处理设备，各级政府一般承担家庭建设费用的 60%，中央政府补助剩余费用的 1/3，地方政府补助 2/3，在水源保护地区、污水治理落后地区等的农村生活污水治理，净化槽设置费的 10% 仅由家庭承担，国家会承担 33% 的费用，通过发行地方债券筹措剩余费用。此外，用户还需保证设备的定期检查、清洁与维护并由专门人员负责。目前日本也在尝试通过引进民间资本建设和运营村落排水设施。

日本农村污水处理的实践表明：相对于城镇污水集中治理的方

式，农村家庭式污水处理方式具有显著的优势，不仅体现在污水治理的效果和推行的便利程度上，也体现在具有更大的成本有效性上。但这种农村生活污水分散治理也存在一个明显的缺点，就是其建设与后期维护运行的质量不容易得到保障。日本强制采用的第三方服务方式形成了一个完善的技术服务体系，在保证设施的正常运行、改善水质、促进农村污水处理的市场化方面发挥巨大的作用。但另一方面，日本的实践经验也表明，居民往往没有使用更先进技术的积极性，个人和家庭对此的支付意愿很低，因此在缺乏政府有效推进政策的情况下，家庭污水治理行业相关技术的改进和升级相当缓慢。

（二）农村生活污水处理的国际经验的启示

农村生活污水处理的国际经验给予的启示可以从三个层面来分析：一是农村生活污水分散处理技术选择方面；二是农村生活污水处理的法律法规及标准体系制定方面；三是农村生活污水处理的机制完善方面。

1. 农村生活污水分散处理技术选择启示

从农村生活污水分散处理的技术选择方面，国际经验给予如下几点启示：一是技术的精准性，即处理技术必须符合当地的地理条件，满足选址要求。因为，不同的技术有其相适应的地理条件。如美国在农村污水处理中所采用的化粪池—土壤吸收系统，其处理单元是土壤，因而对土壤、地质条件有一定要求。处理系统的位置应该远高于地下水水位和基岩，并和饮用水水源的位置保持一定距离，以减小对地下水等天然水体的威胁。对于选址的地理要求，美国有相应的规则标准。二是处理能力应符合相应环境水质要求。技术选择前期应该对所在地区进行详细调查，包括污水的水质、水量，环境敏感地区位置，人口密度等。同时，应确定地表水与地下水水质，评估受纳水体的易污染程度以及水体自净能力，根据环境和健康风险来确定处理标准。三是农村生活污水处理技术的价格一定要适宜。农村污水处理技术的选择需要结合当地经济水平和环境需求，综合考虑费用与处理效果的关系，从而选择性价比较高的技术。特别是，在费用估算时不仅要包括建造费用，还要考虑使用期的运行、维护费用，以及长期必要的维修和替换费用。此外，因地制宜地优选适合本国的技术系统的同时，要实现技术的规范化和标准化，并建立认证与评估体系，以确保所选技术的有效性。

2. 农村生活污水处理应建立完善的法律法规和标准化指导体系

美国建立了完整的法律法规体系，美国联邦政府颁布了《清洁水法案》《安全饮用水法案》《水质量法案》；美国联邦环保局发布了《分散处理系统手册》《分散处理系统管理指南》；各个州和民族地区都有相关立法。美国政府制定导则的原则是：保证公众健康与环境保护；依据当地条件做决策；流域一体化综合考虑。

德国每个州都有自己的"水法"，主要是削减负荷、保护环境。在实施过程中，德国针对不同的排放要求以及处理设施的规模，设定了不同的处理目标，包括仅削减COD，同时削减COD和氨氮，同时削减COD、总氮和磷等。

日本的城市和乡村分别采用不同的污水处理法规体系，城市适用《下水道法》，乡村地区主要适用《净化槽法》。针对污水处理，日本是唯一有两套法律的国家。像欧盟和美国都是一套法律，既管城市的污水，也管农村或者分散的污水，只不过是用规模划分不同的情况。

3. 农村生活污水处理的机制完善方面的启示

在农村生活污水处理设施的运营方面，国际上通常所采用的方式是，通过专业机构提供运行、维护，以保障设施的正常运行，便于实施监管。在不同形式和程度上为农村污水治理提供财政补贴或银行贷款，同时也扩大了社会力量与市场机制的作用。

二 农村生活垃圾处理的国际经验和启示

住房城乡建设部等4部门于2018年印发《关于做好非正规垃圾堆放点排查和整治工作的通知》，提出要在2020年年底基本完成农村地区非正规垃圾堆放点整治这使农村垃圾成为乡村振兴战略实施过程中不可回避的问题。处理好农村垃圾，营造良好的农村生态环境，是乡村振兴战略实施的关键一步。应汲取国内外在农村垃圾处理问题方面的经验，总结出适用于中国乡村的垃圾治理方式。

（一）农村生活垃圾处理的国际经验

1. 农村垃圾管理体系的国际经验

一是政府主导方式。德国农村垃圾以城乡一体化形式处理，由政府统一收集、转运与处理，并制定不同层次的法律法规及条例对农村垃圾的分类、收集、处理进行制约。日本农村垃圾处理通过法律规定了集中搬运、中间处理、最终处置 3 个垃圾处理的过程，通过严重的警告和罚款约束居民行为，以此推动资源的循环利用。韩国政府制定了完善的法律体系，对农村垃圾的分类、丢弃、收集、运输处理进行约束，实施"垃圾终量制"措施，将垃圾处理的责任联系到每一位居民，以此敦促居民减少垃圾产生并实现资源回收。农村垃圾处理模式的选择与农村的分布情况以及城市化率密不可分，在空间上集聚的农村分布情况以及高的城市化率保障政府的长效执行。

二是政企合作方式。政企合作即指政府与社会资本合作，也称 PPP 模式。美国的农村垃圾治理主要采用政企合作的方式。一般由家庭公司承包，政府设有理事会、基金会监督承包公司，政府制定严格的监管条例约束农村居民做好源头减量。政企合作的模式节约了服务成本，政府通过绩效评估的方式对合作效率进行评价。

2. 农村垃圾分类及资源化处理技术的国际经验

美国农村垃圾分为纸张、金属罐、塑料制品、无色玻璃、棕色玻璃和绿色玻璃 6 类；韩国分为食品垃圾、一般垃圾、可回收垃圾、大型垃圾和危险垃圾 5 类；日本分为可燃垃圾、不可燃垃圾、资源垃圾和大件垃圾 4 大类，每一大类下含多种小类。

现有的垃圾处理技术以焚烧、填埋、堆肥为主。焚烧技术最为常见。日本农村垃圾采用城乡一体化处理方式，以熔融处理为主，并将焚烧后产生的废弃物再利用于水泥产业。韩国的垃圾处理方式主要为焚烧，政府通过技术支持与发动群众监督控制焚烧过程产生的污染。填埋是美国处理农村垃圾的主要方式，在处理过程中引入抽气法，加快填埋效率的同时多次回收利用填埋产生的气体，好氧曝气法在美国被广泛应用，大幅度提高了垃圾分解能力。日本采用"三文治"方式，将垃圾和土壤分层叠加堆砌进行填埋。韩国对以厨余垃圾为主的有机垃圾多采取堆肥。

（二）农村生活垃圾处理的国际经验的启示

1. 完善农村垃圾处理管理体系

国外农村垃圾管理纳入市政统一运作，具有较为完整的法律体系与条例保证农村垃圾的回收与处理，政企合作的处理模式配有完善的监管体系。中国农村目前以政府主导与村集体主导的管理体系为主，部分地区开展了村民主导的管理体系，但政企合作体系缺乏监管体系。需要借鉴国外的管理机制与运作模式，完善中国农村垃圾处理管理体系。

2. 构建适合中国的垃圾分类标准

国外农村垃圾分类以不同回收利用的形式为分类标准，国内农村现有垃圾分类方式以有机垃圾、无机垃圾和有害垃圾 3 种为主要分类标准。国内外垃圾分类的类别差异，是由垃圾分类实施阶段造成的，中国现有的垃圾分类方式符合中国农村垃圾分类起步阶段的现状。

3. 培养农村居民垃圾处理意识

农村居民是垃圾处理工作中主要的执行者，是农村生态环境改善最大的受益者。提高农村居民环保意识，使其积极响应垃圾处理工作，发挥主人翁精神，将促进乡村振兴战略的实施。现有对农村居民环保意识的研究，多以调查问卷的形式展开调研，今后需加强提高村民环保意识的研究。

4. 农村垃圾处理规章制度

国外有关农村垃圾处理的法律体系完善，对不同人群皆有详细的法律条例说明其责任与义务。中国应综合考虑农村历史因素，建立适用于中国农村的规章制度，使每个群体的责任有法可依，保证垃圾处理模式得以长效执行。

三　农村厕所改造的国际经验和启示

（一）农村厕所改造的国际经验

2001 年 11 月 19 日，新加坡厕所协会主席倡导成立了世界厕所组织，主要是为了促进饮用水的安全和基本卫生设施的建设，使每个人享有清洁、舒适以及卫生的环境。每年 WTO 会在不同的地方举行世界厕所峰会，以此来解决世界厕所的卫生危机，目前这个组织有来自 177 个国家和地区的 477 个国际成员，其中包括新加坡、日本和芬兰厕所协会、美国公厕小便恐惧症候群协会等。从发达国家及地区厕所发展研究来看，发达国家对于厕所建设和管理的要求相对更高。在日本，非常重视厕所的消毒工作，有的公共厕所会在墙壁上提供一次性的纸垫，由可分解的材料制成，用完可以直接冲进下水道里，既避免了病菌的传播，又方便使用。发达国家的厕所设计中，更加注重环保节能。著名的新西兰百水公厕，虽然坐落在高速公路旁，但厕所的建设全部采用的是回收材料。澳大利亚大部分的公厕都采用节水系统，有效避免了水资源的浪费，对水资源的循环使用，更是体现了环保的设计理念。从国际上欠发达地区厕所建设研究来看，Faruqe 等（2017）对孟加拉国等发展中国家的农村地区的厕所使用情况进行了研究，发现通过一些家庭进行健康教育来保证厕所的持续使用。Yishay 等（2017）和 Hiscox 等（2016）等学者对老挝、南非等地的农村厕所情况进行了研究，发现传统旧式厕所会给居民造成细菌感染和水污染等一系列问题，相比之下卫生厕所对于居民健康的影响更小。

（二）农村卫生厕所改造的启示

1. 加强宣传培训和示范引导

推动厕所革命首先要进行观念革新，将厕所改造作为当前农村精神文明建设的重要内容来抓。政府部门可以采用简单易懂的方式，改厕前期利用电视、报纸以及农村"大喇叭"、宣传车等形式进行初期宣传、科普。利用微信公众号、朋友圈小视频等这些简单易懂的形式向农民宣传一些健康教育知识，使其明白为什么进行改厕，还可以介绍一些具体的改厕步骤以及后续的管理规范。通过宣传，改变传统的卫生观念，增强自身的卫生意识，了解到厕所改建的重要性和紧迫性，提高农村居民环境保护的意识和改厕的积极性。改厕过程中可以通过动员会议对改厕模式进行对比介绍，让群众在考虑自身实际情况的前提下，自主选择适宜自家情况的改厕类型。通过这种方式增强群众的参与感，明白改厕不是"形象工程"，是政府认真地为群众办实事的民生项目。

2. 加强技术指导和研发、推广

对于"厕所革命"这一行业还没有很突出的企业，不利于技术的研发以及行业的进步。应该以"厕所革命"为核心，通过校企联合培养的模式，让更多的有创新思想的人才参与企业、行业运作过程，逐步实现厕所革命从想法转为现实的生产过程。政府可以在政策上扶持这些农村农业发展的高端人才、专家队伍及企业，加大无害化厕所新技术的研发以及旧有模式的改进。

第六章 农村人居环境整治的浙江经验及启示

　　扎实推进农村人居环境整治，是乡村振兴战略的重要任务和内在要求，更是实施乡村振兴战略的第一场硬仗。党中央、国务院高度重视农村人居环境质量的改善，习近平总书记多次就农村人居环境整治工作作出批示，指出农村人居环境整治是特殊事情、特殊工作、特殊使命，必须采取特殊措施切实推进。浙江省自2003年提出实施"千村示范、万村整治"工程以来①，在推进农村人居环境整治实践中取得了显著成效，造就了万千美丽乡村，为全国农村人居环境整治树立了标杆，更为全国农村人居环境整治提供了可供借鉴的样板。习近平总书记多次作出重要批示，要求进一步推广浙江好的经验做法，建设生态宜居的美丽乡村。

　　基于此，专家组克服新冠疫情的影响，选择适当时机前往浙江

---

　　① 2003年，浙江省委、省政府决定坚定不移实施"千村示范万村整治"工程。具体目标是：2003—2007年，建成"全面小康建设示范村"1000个以上、完成村庄整治10000个左右；2008—2012年，以垃圾收集、污水治理等为重点，从源头上推进农村环境综合整治；2013—2015年，全省70%的县达到"美丽乡村"目标。

省湖州市、衢州市进行调研，与相关市县有关部门进行座谈的基础上，深入广大农村进行实地考察，对浙江省在农村人居环境整治过程中的主要做法和典型经验进行了归纳提炼，力争为新发展阶段开展农村人居环境整治提升工作提供参考。

一 选点理由

2018 年 2 月，中共中央办公厅、国务院办公厅印发了《农村人居环境整治三年行动方案》，由此拉开了全国农村人居环境整治工作序幕。在行动方案实施过程中，各地基于区域实际，采取有效举措扎实推进村庄清洁行动、农村厕所革命、生活垃圾治理、生活污水治理等工作，取得了明显成效，村庄面貌发生了巨大变化，得到了农民群众的普遍认可。但是，受经济发展水平和社会发展程度等因素的影响，我国农村人居环境整治效果呈现十分明显的地区差异，东部地区明显优于中西部地区，经济水平较高地区明显优于经济相对落后地区。浙江省是我国社会经济发展水平较高的典型代表，无论是在发展理念，还是制度机制体制、政策保障等方面都走在了全国前列，为推进农村人居环境整治工作探索了成功方案，形成了"千村示范，万村整治"的经验，为全国实施农村人居环境整治提升提供了借鉴。

（一）社会经济实力位居全国前列

浙江省地理位置优越，经济保持稳定发展态势，是全国综合发展水平较高的省份。《中国统计年鉴（2021）》数据显示，2020年，浙江省实现地区生产总值6.46万亿元，位居全国第四位；一般预算收入增速2.8%，总额为7248亿元。财政中的税收比例高达86.4%，是全国财政质量最好的省份。民营经济方面，全年共有民营企业260万家，在册个体工商户515.3万户，在"中国民营企业500强"名单中，浙江就占据了96个席位，连续23年位居全国首位①。良好的经济发展水平、充足的财政资金保障，以及全面、健康发展的民营经济，为开展农村人居环境整治工作奠定了坚实的财力基础，也为高质量推进农村人居环境提升工作提供了前置条件。

（二）农村人居环境整治成为标杆

从国家层面来看，"十三五"时期，我国农村卫生厕所普及率超过68%，对生活垃圾进行收运处理的行政村比例超过90%，农村生活污水治理率达25.5%，全国95%以上的村庄开展了清洁行动，村庄基本实现干净整洁有序②。

相比而言，浙江省农村卫生厕所普及率早在2017年，就已经达到了96.65%，并创建了国家卫生乡镇58个，省级卫生乡镇574个，该比例已经占据全省建制乡镇总数的65.53%③。农村生活垃圾处理方面，早在2016年年底，浙江省就已实现了农村生活垃圾集

---

① 浙江日报，2021年9月25日，https：//baijiahao. baidu. com/s？ id = 1711879972838738503&wfr = spider&for = pc

② 人民网，2021年10月20日，https：//m. gmw. cn/2021 - 10/20/content_ 1302646088. htm？ p = 1&s = gmwreco.

③ 浙江日报，2018年4月3日，https：//baijiahao. baidu. com/s？ id = 1596710110664278994&wfr = spider&for = pc.

中收集，对生活垃圾进行有效处理的行政村覆盖度达到86%以上，有83个县（市、区）4800个行政村按照资源化、减量化、无害化的要求，开展了垃圾分类处理，占全省行政村的比例为16%①。农村生活污水处理方面，浙江省农村生活污水治理已经提升至2.0版，全省已经初步构建了全国领先的农村生活污水治理体系。在近2.1万个行政村（居、社区）中，已有1.9万多个村（居、社区）建有处理设施，占91.28%，行政村覆盖率居全国首位②。所有这些都表明，浙江省农村人居环境整治工作已经走在了全国前列，为全国农村人居环境整治提供了范本，先进的发展理念、完善的管理制度等都有望提炼成为经验的亮点，值得向全国推广。

（三）先行先试方式取得良好效果

浙江省农村人居环境整治工作，可以追溯至2003年的"千万工程"，此后陆续实施了美丽乡村建设、五水共治③、乡村振兴战略、未来乡村建设等。可以说，浙江省的每一次探索都走在了农村生态环境治理的前列，为全国各地开展农村生态环境治理工作提供了经验借鉴。在面临"七山一水两分田"资源禀赋限制的情况下，浙江省内无论是经济发展水平较高的杭州市、湖州市，还是经济发展水平相对落后的丽水市、衢州市，都因地制宜地开展了农村人居

---

① 浙江省农办，https：//www.sohu.com/a/153757101_472923.

② 浙江日报，2020年10月30日，http：//www.gov.cn/xinwen/2020-10/30/content_5556008.htm.

③ "五水共治"开始于2013年。但是到2014年，浙江省治水行动全面推进，内容包括"治污水、防洪水、排涝水、保供水、抓节水"的"五水共治"工程。

环境整治的实践探索，丰富了农村人居环境整治的思路。2019 年 3 月，中办、国办转发了《中央农办、农业农村部、国家发展改革委关于深入学习浙江"千村示范、万村整治"工程经验扎实推进农村人居环境整治工作的报告》，要求各地区各部门结合实际认真贯彻落实。这充分表明，浙江经验对全国农村人居环境整治都可以借鉴。当然，也必须要清楚地认识到，浙江省农村人居环境整治取得的成就，是建立在雄厚的财政支持基础之上的。但浙江省在农村人居环境整治提升过程中形成的经验、理念、制度等都为全国提供了参考。

基于以上分析，浙江省在经济发展、经验探索等多方面都积累了很好的基础，为推进全国农村人居环境整治工作树立了标杆，提炼总结相关经验，对于指导下一阶段农村人居环境整治提升工作具有重要的实践价值。专家组于 2022 年 3 月 1—5 日赴浙江省湖州市（吴兴区、长兴县）、衢州市（常山县）开展实地调研，通过与市、县两级政府相关部门绩效座谈，深入学习了解他们工作的亮点及主要做法；走访了织里镇、小浦镇等乡镇，对基层工作有了更加清晰的认知。基于上述调研形成本报告。

二 主要做法

作为"千万工程"孵化地的浙江，在农村人居环境整治、美丽乡村建设方面一直走在全国前列，生态红利不断得到释放，农民幸福感大幅提升。总体来看，浙江省在推进农村人居环境整治过程中，坚持理念先行、规划引领，通过片区发展，实现了精细化管理，借助于多元资金投入和数字经济，实现了质量提升和长效管理。

（一）规划先行，防止资金使用"重复化"

科学规划是农村人居环境整治的前提，否则将造成资金的重复使用，以至于导致资金的低效甚至无效。坚持规划先行，是浙江省高质量推进农村人居环境整治工作的第一步。一张蓝图绘到底，一件事情接着一件事情办，一年接着一年干，充分发挥规划在引领发展、指导建设、配置资源等方面的基础作用，充分体现地方特点、文化特色，融田园风光、人文景观和现代文明于一体。长期以来，浙江省将绿水青山就是金山银山发展理念贯穿于改善农村人居环境的全过程，扎实推进农村人居环境的改善，妥善处理生态保护和经济发展之间的关系，为增加农民收入、提升农民群众生活品质奠定基础，为农民建设幸福家园和美丽乡村注入活力。

以衢州市为例，衢州市充分发挥规划对实践的规范指导作用，在实践中始终按照不规划就不设计、不施工的原则，并且要求县（市、区）在工程初期用七分力量抓规划、三分力量搞建设，加快全域总体规划和专项规划、中心村特色村建设规划的编制，形成以美丽乡村建设总体规划为龙头，包括县域村庄布局规划、土地综合整治规划、中心村建设规划、历史文化（传统）村落保护利用规划的规划体系，有效地保障了美丽乡村建设的有序推进。

无论是中央财政转移支付资金，还是村集体自筹资金，如何发挥资金使用效率最大化是需要深思的问题。坚持规划先行，并且能够一以贯之地执行，就能够有效地防止盲目的重复建设，确保资金合理有效地使用。

（二）片区发展，避免资金使用"碎片化"

为了突破单个村庄发展"瓶颈"，集中优势资源，采取片区组团发展模式，是浙江省推进农村人居环境整治的先行示范，是在更宽、更广层面实现资源整合，打破行政村界限，实现了资源优势互补和优化配置的突破。地理相邻的村庄能够通过差异化扶持和组团式发展，消除了资源禀赋的差异和发展思路的不同，避免了同质产业的恶性循环，并有效地形成一定的规模效应和发展优势，对于发展特色产业和乡村旅游奠定良好基础。最重要的是，通过组团打造综合性农村人居环境整治示范区，可以充分发挥统筹整合优势，推动村与村之间的资源整合、治理理念整合、破解单个村庄发展产业规模小、发展资金少、项目资金"碎片化"、增收平台少的困境和难题。

以湖州市为例，从 2020 年起，湖州市在全省创新开展以"组团式未来乡村"为抓手的新时代美丽乡村样板片区建设。每年建设样板片区 10 个、覆盖行政村 50 个左右。全市已建设片区 21 个、覆盖行政村近百个，其中首批启动的安吉"余村两山示范区"、德清"莫干国际·智绘乡村"等 10 个片区已基本完工。在集成项目资金方面，排定美丽乡村重点建设项目、产业化项目、基础配套项目"三张清单"，项目定到哪里、政策资金配套就到哪里。其中市财政给予市本级每个样板片区最高 1500 万元的以奖代补资金，区县也给予相应配套，并发挥财政资金的撬动作用，共吸聚社会资本 16 亿元。

推进资金统筹使用，避免资金使用的"碎片化"，除了要统筹涉农资金之外，还要尝试在行政区域内对资金的整合，以提高资金使用效率，这是用足用活农村人居环境整治资金的关键。

（三）数字赋能，着力提升资金使用绩效

数字经济的广泛应用，推动了社会经济巨大变革，必然成为未来经济发展的重要趋势。农村人居环境整治涉及面广、资金量大，传统资金管理存在一定的局限性，效率不高。而数字经济实现了资金管理由静态管理发展向动态管理，由被动转向主动，对于资金的流向、监管等都提出了更高效、便捷的方式。《浙江省数字经济发展"十四五"规划》明确提出，到 2025 年，数字经济发展水平稳居全国前列、达到世界先进水平，建成全国数字产业化发展引领区和全国产业数字化转型示范区等目标。数字经济的应用，也使浙江省农村人居环境整治的管护走在了全国前列，极大地提高了资金使用效能。

以湖州市长兴县农村生活污水治理为例，通过搭建智慧平台，提升治理过程的数字化水平。全县投资 700 余万元建成农村生活污水管理中心，建立"五位一体"的农村生活污水管理平台，集远程监控、信息收集、人员管理、数据分析、故障报警五大功能为一体，对农村生活污水处理设施运行指标数据实时监控，利用大数据技术采集运行参数，通过平台分析设施流量、水质检测等数据，判

断设施运行状况，同时，结合智能管控设备对设施进行远程控制，实现断电故障及时报警，平均每年可通过管理平台发现并解决 500 余起问题。

大数据先进技术的运用，充分发挥了统一支付平台的作用，不但有助于降低监督成本，并且可以进一步推进资金预算编制、资金支付和核算等工作效率的提升。

（四）多点发力，保障多元投资稳步增长

农村人居环境整治工作是一项复杂的系统工程，总体规模巨大，并受社会经济、地形地势等因素的影响，各地在推进"厕所革命"、生活垃圾处理、生活污水处理、村容村貌改善等工作中，所需资金投入总量大，再加上基础设施建成之后进行管护所需资金，单纯依靠财政转移支付难度较大。但是，受到经济发展新常态和新冠疫情影响，我国近年来财政收入降低，专项资金投入缺乏长期性和稳定性，导致农村人居环境整治实现可持续性的难度加大。因此，构建多元投资渠道，拓宽农村人居环境整治资金来源，对于新时期推进农村人居环境整治工作意义重大。

浙江省在农村人居环境整治方面，建立了政府投入引导、农村集体和农民投入相结合、社会力量积极支持的多元化投入机制，省级财政设立专项资金、市级财政配套补助、县级财政纳入年度预算，真金白银投入。据统计，自 2007 年以来，浙江省各级财政累计投入村庄整治和美丽乡村建设的资金超过 1800 亿元。积极整合农村水利、农村危房改造、农村环境综合整治等各类资金，下放项

目审批、立项权，调动基层政府的积极性、主动性。

以衢州市打造传统村落为例，全市有 415 个历史文化（传统）村落，分十个批次开展保护利用项目实施工作，占全市行政村总数的 28%。在有序推进项目建设过程中，省级财政对每个重点村投入 700 万元、一般村投入 30 万—50 万元进行补助，县级财政按照比例进行资金配套。例如，茶坪村在实施古建筑改造、传统建筑修缮、古道修复、景观节点打造等项目中，在总投资 3000 万元中，包括政府投资 1200 万元，区域协调资金 1000 万元，国资企业 500 万元，社会资本 300 万元。

在村集体和农民自筹资金方面，湖州市长兴县充分发挥农民群众在农村人居环境整治提升中的主体作用，积极发动乡贤、群众合力改善村容村貌。2021 年，全县乡贤、群众自愿参与美丽乡村建设，捐资总额超过了 2500 万元，极大地补充了财政资金。

多元化的投资渠道解决了当前农村人居环境整治中设施建设及后续运行维护中资金短缺问题，既激活了财政存量资金，又在很大程度上引进了社会资本，是解决农村人居环境整治资金困境的有效探索。

三 典型经验

通过实地调研，浙江省农村人居环境整治的多元化投资方式既具有地域独特性，也表现出发展理念上的普适价值。虽然不能照搬全抄，但是，在创新思维方式上具有可借鉴之处。

（一）始终坚持系统推进思路，撬动社会资本广泛参与

系统推进农村人居环境整治，不仅要将农村人居环境整治作为一项长期事业来抓，更重要的是要统筹众多利益主体的参与，激活各主体的参与积极性，发挥其主观能动性。

首先，要坚持统筹协调、系统推进。根据 2021 年 12 月，中办、国办印发的《农村人居环境整治提升五年行动方案（2021—2025年）》要求，要以农村厕所革命、生活污水垃圾治理、村容村貌提升为重点，巩固拓展农村人居环境整治三年行动成果，全面提升农村人居环境质量。可以看出，党中央对于农村人居环境整治的工作思路是一脉相承、逐渐深化的。浙江省的成功之处在于坚持了长期系统观念，连续 18 年一张蓝图绘到底的"千村示范，万村整治"工程，让千万个美丽乡村焕然一新。在发展思路上，以"千万工程"为开端，持续推进"五水共治"、美丽乡村、未来乡村等工作，实行组团化规划、片区化发展的思路，进一步提高了资源整合能力，提升了资金使用效率。

其次，充分发挥财政资金撬动作用，激活社会主体参与投资。虽然浙江省经济发展水平和财政收入相对较高，但是对于丽水市、衢州市等省内发展相对落后的地区，在财政支出方面也会存在困难。这就需要充分调动社会各界的共同参与，在实地调研中，衢州市常山县在未来乡村建设中，创新"政府投资+社会资本"的投资模式和"政府主导+企业管理"的管理模式，实行投、建、管、运一体化管理，实现政府资金撬动社会资本最大化。同时，常山县积

极运用国家政策，利用对口协作单位的支持，发展山海协作。郭塘村利用省能源集团的帮助，发展月季产业，村集体经营性收入从全县倒数跃升全县第四，成为全省美丽乡村特色精品村。

基于此，全国各地可借鉴其发展理念上的大局观、长远观和整体观，一定要提高站位意识，务必立足实际，着眼长远，切莫企图毕其功于一役。在激活相关主体参与方面，要创设条件吸收社会力量参与农村人居环境整治，优化利益分配机制，提高参与积极性。

（二）始终坚持农民主体地位，引导农民树立付费意识

农村环境具有典型的公共物品属性，使农民通过支付成本参与人居环境整治必然面临集体行动困境。理性人都会在资源约束下，通过资源配置寻求效用最大化。其实，在自发状态下，公共产品的公共参与供给较为困难。理性的、寻求自身利益的个人将不会为实现共同的群体的利益而采取行动。作为农村人居环境整治和提升工作的参与主体之一，农民理应扮演关键角色，其参与广度和深度也将在很大程度上决定着农村环境治理的水平。

浙江省坚持把良好的生态环境作为最公平的公共产品、最普惠的民生福祉，从解决群众反映最强烈的环境脏、乱、差做起，到改水改厕、村道硬化、污水治理等提升农村生产生活的便利性，到实施绿化亮化、村庄综合治理提升农村形象，到实施产业培育、完善公共服务设施、美丽乡村创建提升农村生活品质，先易后难，逐步延伸。从创建示范村、建设整治村，以点串线，连线成片，再以星火燎原之势全域推进农村人居环境改善，探索农村人居环境整治新

路子，实现了从"千万工程"到美丽乡村、再到美丽乡村升级版的跃迁。

实地调研发现，湖州市农村人居环境整治中农民主体地位也经历了由被动向主动的转变。在 2017 年之前，政府大包大揽建设美丽乡村，农民参与性弱，并且在建设和管护两个层面均不能很好持续。但是，伴随着农村人居环境整治三年行动的实施，湖州市转变发展思路，逐渐探索激活农民主动性的路径，通过竞争性遴选制度推选美丽乡村精品村工作，每年力争打造 5—6 个精品村，改变了原有普惠制资金投入状态，由县财政出资 500 万元作为启动资金，撬动村集体和乡贤至少 1∶1 配套形式，提高参与积极性。

在创新农民付费方面，衢州市常山县全面普及农村生活垃圾分类"123 工作法"，即"1 元保洁、2 分+分类、3 项机制"。在 1 元保洁上，已累计收缴"1 元"保洁经费 1000 余万元，收缴率稳定在 99%以上。何家乡采用"抱团+众筹+托管"方式，将各村保洁市场进行整合，做大"蛋糕"吸引企业，众筹资金由乡财政、村集体+村民共同出资（每人收取 1 元保洁费用），分摊资金压力，原有保洁队伍委托第三方公司"利东公司"托管，既节省外请人工成本，又破解村庄保洁管护不专业难题。

在激活农民参与积极性方面，浙江省采用积分兑换等灵活多样的形式，提高了农民参与度。以安吉县报福镇为例，在推进农村生活垃圾分类处理方面，该镇投入近 200 万元，实施资源循环利用中心改造提升工程，由单一式垃圾回收中转站，转变为集大件垃圾中转、可回收物二次分拣、废水预处理等多功能应用展示基地。通过试点开展垃圾分类智慧化管理模式，通过一户一个二维码（代替农户身份信息），按照垃圾分类等积分情况赋予生态绿币，用生态绿币可以兑换生活日用物品，并与个人存贷款利率及信用额度挂钩。目前，全镇垃圾分类积分突破 1400 万分，兑换物品金额超 15 万元。

基于此，全国各地可借鉴其提高农民参与主动性的理念。让农民由"让我干"到"我要干"转变，通过更灵活多样、更接地气的激励方式，引导农民参与环境治理工作中。经济基础较好或者有条件的地区，可以尝试开展"环境治理农民付费制"试点。

（三）始终坚持创新发展理念，探索建立长期管护机制

"重减轻管"是目前农村人居环境整治普遍存在的问题，也是未来农村人居环境整治提升工作应重点关注的环节。管护机制的缺失，既有工作协调机制的不健全，更多的是资金、人员匹配不充分。浙江省通过利用数字化技术，创新投资模式和管理模式，探索出了可行的、有效的管护机制，对于我国未来农村人居环境整治提升工作具有参考价值。

投资模式方面，以衢州市为例，芳村围绕未来乡村建设主题，聚焦"宋韵芳村、油茶原乡"发展主题，采取"政府投资+社会资本"的 EPC 模式，与浙江隐墅集团签订运营框架协议，实行投、建、管、运一体化管理，实现政府资金撬动社会资本最大化。2021 年国庆节期间，累计接待游客 5 万余人，同比增长 233%。

管理模式方面，衢州市以强化基层党建为抓手，对县、乡、村

三级人员力量进行网格化管理，建立起了村镇网格化管理的新机制。通过设立"红黑榜"、设置环境卫生评比公示栏等方式，建立文明新风创评机制。完善美丽庭院创建、农村生活垃圾分类等检查评比制度，定期对村庄环境、沿路沿线、河道水域等重点区域开展督查检查。全面落实村级公益性设施共管共享工作，设立农村人居环境整治公益性岗位人员，常年开展农村卫生保洁和公益性设施管护工作。

诚然，农村人居环境整治管护机制的建立是需要较长时间、较多资金完成的工作。需要地方政府有足够耐心、充足资金作为保障。全国各地可借鉴浙江省理念先行思路，努力创新工作方式，探索建立不同地区、不同经济水平下管护机制。

四　启示

浙江省农村人居环境整治效果明显，治理理念超前，不仅对全国有示范作用，也在国际上得到认可。回顾浙江省农村环境治理的变迁，也不难发现，在21世纪初，浙江省农村建设和社会发展也呈现滞后现象，经济与社会、城市与农村发展不平衡不协调问题突出。村庄布局缺乏规划指导和约束，环境"脏、乱、差"普遍存在，但是，浙江省以"千万工程"为起点，科学规划、稳步推进、革新技术、创新思维，逐渐改变了旧风貌，迎来了新变化。

必须承认的是，这种过程的转变需要强有力的财政作为支撑，全国各地对于浙江省的做法和经验更多的是要从理念上做出调整，结合当地实际，探索符合地区发展现状和未来趋势的方法。

（一）发展集体经济，为农村人居环境整治提升提供支撑

农村集体经济的壮大，是现阶段我国"三农"工作的重要抓手，伴随着乡村"空心化""老龄化"趋势加剧，其紧迫性更加突出，其战略作用更加凸显，亟待构建高质量可持续发展格局。可以说，发展壮大村级集体经济是强农业、美农村、富农民的重要举措，是实现乡村振兴的必由之路。

以湖州市为例，全市实施第五轮"三年强村计划"，开展"四个一百"系列活动（"百村联百村、百企结百村""百名人才强百村""百贤百企兴百村""百个市直机关党组织帮百村"），发展壮大资产盘活型、资源开发型、物业经营型、基金运作型等各类村级集体经济发展路径，积极打造多轮驱动的富村引擎，实施"一村一策"项目154项，64个项目已产生效益1920.58万元。长兴县绝大多数的村集体收入除正常支出外，基本用于农村人居环境整治工作。南浔区则采用"强村公司"做法，分类采用村自办、村企合办、跨村（跨乡镇）联办等形式，全市共组建强村公司215家，其中村集体经济组织独资101家，村企合作32家，跨村（跨乡镇）抱团联合投资82家。通过发展壮大村集体经济，为"千万工程"和农村人居环境整治工作提供了充足的资金保障，也使村容村貌焕然一新。

因此，要把发展壮大村级集体经济放在更加重要的位置，立足自身资源禀赋，积极探索发展村级集体经济有效路径，规范村集体

经济组织运营管理，盘活用好集体资源资产，不断壮大村集体经济，建立紧密利益连接机制；用好用活各项扶持政策，为扎实推进农村人居环境整治工作提供保障。

（二）注重市场经济，发挥其在资源配置中的决定性作用

发挥市场在资源配置中的决定性作用，是市场经济的本质要求，更是全面深化改革的体现。市场决定资源配置是市场经济的一般规律，市场经济本质上就是市场决定资源配置的经济。农村人居环境整治是需要多部门管理、多主体参与的系统工程。政府、市场、农民都是其重要组成部分，不能单纯地依靠政府"自上而下"的推动，既不利用资金使用效率提高，也会在很大程度上降低农民参与积极性。实地调研对比发现，市场化水平越高的地区，市场主体参与积极性越高，农村人居环境整治效果越明显。

以衢州市常山县为例，积极引导运营商经营未来乡村、引导县城投集团、农投集团等国有企业深度参与农村公益性项目建设（如农投集团对辉埠镇后社片区的 16 家钙产业企业进行关停，生态恢复 193 公顷废弃矿山，对 45 公顷储量 2000 万吨的废弃矿山进行综合利用，该案例已经入选中央环保督察整改正面典型，获国家长江办肯定）、通过招商引资吸收社会资本参与美丽乡村建设（绿投公司对同弓乡开展全域土地综合整治，同步投入近 4 亿元，建设了现代观光农业园、民宿集群，对全乡 8 个村开展美丽乡村建设，效果明显）。这些市场化主体的加入，为农村人居环境整治提供了更多发展模式，创建了更多发展空间。

因此，要把充分发挥市场在资源配置中的决定性作用放在首要位置。无论是农村人居环境整治，还是乡村建设行动，较多工作都属于公共物品，需要政府提供。但是，要对每项工作的不同环节进行区分，对于适宜市场主体进入的，要交还市场。对于确需政府管理的，则由政府完成。只有形成更加互动、良性的分工，才能够最大化资金使用效率。

（三）以农民为主体，为农村人居环境整治提升提供保障

农民始终是农村人居环境整治和各项农村改革的主体，应该充分激发其参与积极性和主动性，才能够将各项改革落地。充分发挥农村主体作用，既是完善农村环境治理体制的必然选择，也是持续推进农村环境改善的根本保障。同时，农村人居环境整治要坚持因地因时制宜原则，浙江经验固然很好，但是也要根据发展实际，制订切实可行的方案。需要说明的是，"因地制宜"是要充分考虑地区财政收入、充分考虑市场主体可进入空间、充分考虑农民生活习惯等因素，不能为了完成指标而强行推动。"因时制宜"是各地要根据经济发展阶段、资源禀赋条件考虑农村人居环境整治各项工作的优先序，不能大水漫灌、更不能毫无顺序。

浙江省在规划制订时，就要求专业人员参与，并充分听取农民意见，采取城乡一体化思路编制村庄布局规划，因村制宜编制村庄建设规划，注意把握好整治力度、建设程度、推进速度与财力承受度、农民接受度的关系，不搞千村一面，不吊高群众胃口，不提超越发展阶段的目标。不照搬城市建设模式，区分不同经济社会发展

水平，分区域、分类型、分重点推进，实现改善农村人居环境与地方经济发展水平相适应、协调发展。

因此，要把充分调动农民参与积极性作为目标指南。从长远看，能否真正保证农民的主体地位，是农村人居环境整治能否成功的关键。

第七章　农村人居环境整治中存在的问题分析

党的十九大报告提出乡村振兴战略之后，农村人居环境整治进入了加速期，特别是 2018 年以来，全国各地对标《农村人居环境整治三年行动方案》，扎实推进村庄清洁行动、农村"厕所革命"、生活垃圾处理、生活污水处理等工作，完成了农村人居环境整治三年行动方案确定的目标任务。截至 2021 年年底，全国农村卫生厕所普及率超过 70%，生活垃圾进行收运处理的自然村比例稳定在 90% 以上，农村生活污水治理水平实现了新提高，治理率达 28% 左右，95% 以上的村庄开展了清洁行动，实现了村容村貌的明显改善，村庄环境基本实现了干净整洁有序。

农村人居环境整治取得了明显成效，为新发展阶段实现乡村生态振兴奠定了良好基础。新的历史阶段，特别是随着国民生态消费意识的增强，对乡村生态环境的品相、品质、品位等都提出了更高要求。要高质量实现党的二十大报告提出的建设宜居宜业和美乡村的目标，农村人居环境整治提升所面临的形势依然严峻，还存在一系列问题需要破解，以更好地改善农村人居环境质量，提高农村居民的生态福祉。

一　农村人居环境整治资金投入保障不充分

由于中国城乡二元结构的长期存在，基层党委、政府往往把关注点放在城镇，从不将乡村与城镇放在平等的框架之内统筹考虑。由此，不可避免地导致公共资源的歧视性分配，突出表现在城乡基础设施和基本公共服务建设投入的不均衡。2019 年，中国村庄建设投入为 10167.5 亿元，只有当年城市投入的 50.52%①。特别是经济欠发达的中西部地区，地方财政实力整体薄弱，在城镇基础设施和基本公共服务建设所需资金都无法保障的情况下，农村人居环境整治设施所需资金投入的严重不足，与资金需求之间存在巨大差距。整体来看，农村人居环境整治设施水平还处于较低水平，特别是在一些偏远山区丘陵地带，农村人居环境整治设施还处于空白状态。

2017 年，我国村庄建设投入资金为 9167.64 亿元，平均每个行政村的投资强度为 172.00 万元。其中，市政公用设施投入资金为 2529.46 亿元，占村庄建设投入资金的比例为 27.59%。市政公用设施中排水与环境卫生投资为 599.67 亿元，占村庄建设投入资金的比例为 6.54%，其中，用于垃圾处理与污水处理的投资为 279.80 亿元，占村庄建设投入资金的比例仅为 3.05%。

---

① 《中国城乡建设统计年鉴（2019）》，中国统计出版社 2019 年版。

从市政公用设施投入结构来看，用于排水与环境卫生投资占市政公用设施投入资金比例为 23.71%，平均每个行政村的市政公共设施投资强度为 47.46 万元，而用于排水与环境卫生投资强度仅为 11.25 万元；其中用于垃圾处理及污水处理的投资占市政公用设施投入资金比例为 11.06%，平均每个行政村的投资强度仅为 5.25 万元。相对于广大农村人居环境整治设施的需求，资金投入远远不够，以致一些地方农村人居环境整治设施还处于空白状态。

二 农村人居环境整治技术模式标准不规范

全国不同区域的基层调研发现，在推动农村人居环境整治中普遍存在技术模式选择不当，技术标准缺乏规范等问题。一个突出的表现就是，一些地方在选择农村生活污水处理模式时，不充分考虑农村地理位置分布、农村生活人口状况、农村生活污水排放特点以及农村集体经济状况，只是简单地将城镇污水管网模式照搬到农村，导致设施无法运营或者运营效果不佳。同时，在一些特定区域的广大农村，依然还缺乏适应区域气候特点、地理地貌特征以及社会经济、民族风情特点的农村人居环境整治技术，盲目将经济发达地区实践效果较好的一些农村人居环境整治技术引进来，导致严重的"水土不服"，造成资金的巨大浪费。特别是，在边疆民族地区调研时发现，在内地推广的农村人居环境整治模式，特别是"厕所革命"，也被不加分析地引入民族地区，成为典型的"面子工程"，惠及百姓的"民生工程"被做成"民怨工程"。导致这一现象的根本原因就在于没有遵循因地制宜、实事求是的原则。

调研发现，在推行农村人居环境整治中，生活污水、生活垃圾处理技术规范性较差，更缺乏统一的标准。一些地方在生活污水处理中简单地将城镇污水处理的管网方式搬到农村，不考虑农村生活污水排放的特点以及农村集体经济状况。同时，对一些特定区域而言，农村人居环境整治技术严重缺失。此外，企业探索出的一些有效治理技术及创新模式很难依靠自身的力量实现有效推广。

三　农村人居环境整治人才队伍建设不全面

众所周知，农村人居环境整治提升是新发展阶段"三农"工作的关键目标指向，迫切需要一个具有浓厚的乡土情怀、了解农村生产生活的多元化、高素质的人才队伍提供支撑。当前，乡村振兴特别是乡村生态振兴中人才队伍建设不全面、能力不足、体系不健全问题依然很突出。

（一）队伍建设难以满足农村人居环境整治的人才需求

基层调研发现，由于体制机制存在的问题长期不能得到有效解决，生态环境、农业农村、林业、水利等基层政府相关职能部门人才队伍建设严重滞后，突出表现在人才队伍数量不足、年龄结构老化、学历结构相对低下、专业结构单一、技术水平陈旧。新发展阶段，农村人居环境整治的任务繁重、技术要求高，新问题不断出现，目前的队伍及结构难以满足农村人居环境整治提升对人才的需求。

（二）能力建设难以满足农村人居环境整治的技术需求

事实上，实施农村人居环境整治提升不仅是一项政治性很强的专业任务，而且也是一项专业性很强的政治任务。对各级政府特别是基层政府的决策层而言，由于长期不关注农村人居环境整治等生态治理问题，自然也不会注重相关的专业知识学习，基层党委、政府的组织领导能力较强，但相关的专业领导力明显不足，难以满足新发展阶段指导农村人居环境整治提升的时代要求。从技术人员层面来讲，由于人才队伍建设存在上述问题，适宜不同区域特点的相关技术开发能力明显不足，难以及时有效地为农村人居环境整治提升提供技术支撑。

（三）组织体系难以满足农村人居环境整治的组织需求

众所周知，农村人居环境整治提升的主体具有多元化特征，政府、企业、科研人员及农村居民都应作为主体对待，但时至今日依然没有建立起党领导的组织体系。基层调研也发现，各级党委、政府对农村人居环境整治认识不到位、组织不力、专业领导能力不强具有一定的普遍性，难免会出现对农村人居环境整治提升的相关政策理解不深、执行不到位的现象。同时，主体之间关系没有协调好，存在边界不清晰、分工合作不明确等问题，难以形成有效的协同行为。

四　农村人居环境整治设施管护机制不健全

长期以来，我国在基础设施建设中一直都存在"重建设、轻管护"问题，关键是这个问题始终没有得到有效解决，一些地方存在只见"闲置的设施"，不见"运营的设备"的现象，造成国家财政投资的巨大浪费，一个重要原因就是管护机制的缺失。尤其是部门之间缺乏有效的工作协调机制。围绕着农村人居环境整治，国家相关部委都实施了相应的推动措施，但彼此之间缺乏相互协调和共同推进的工作机制，从而影响了人居环境整治的效果。

（一）缺乏有效的多元化主体参与机制

农村人居环境整治是一项系统工程，需要多元化的主体共同参与，但有效的参与机制并没有真正建立。受传统生活习惯的影响，农村居民对农村生活污水、生活垃圾造成的环境影响缺乏认识。同时，我国农村人居环境整治仍然处于探索阶段，农村居民对人居环境的整治还持有怀疑态度，对相关的设施建设行为不能充分理解，参与程度较低。

在此情况下，农民作为农村人居环境整治的主体之一，由于缺乏相应的环境意识以及短期内难以改变传统的认知及行为，再加上相关的宣传引导跟不上，一直都游离在主体之外，而基层政府相关职能部门替代农民，成了农村人居环境整治的关键主体，依据"自上而下"的项目推动，为农民实施职能部门应承担的义务。与此同时，参与机制的缺失也导致了企业、媒体以及科技人员的参与积极性，更缺乏全社会的协同行为。

（二）缺乏发挥作用的设施管护机制

近年来，特别是《农村人居环境整治三年行动方案》实施以来，为了推动农村人居环境整治工作，一些地方陆续配备了垃圾桶、垃圾箱及中转站、运输车等设施，农村人居环境整治基础设施得到了有效加强，农村人居环境也得到了较大程度的改善，农民对农村人居环境质量的满意度不断增加。同时也必须清楚地看到，农村人居环境整治设施改善之后，由于没有有效的设施管护机制，既缺乏运维组织，也缺乏具有一定技术能力的专职人员，更没有足够的管护经费，导致设施短期运行之后处于"停摆"状态。

（三）缺乏真正意义上的评估与监督机制

农村人居环境整治是一项系统工程，涉及范围大、工作内容多，对此需要进行有效的评估和监督。但是，由于农村人居环境整治才刚刚得到重视，评估和监督机制还没有建立。通过有效的评估与监督，可以准确判断农村人居环境整治的效果，并甄别出实施中存在的关键问题，为进一步完善相关政策或者制度提供科学依据。但在农村人居环境整治中，尽管各级政府也都在强调评估与监督机制的重要性，但将其落实到位并真正发挥作用的少之又少，难免会出现"只注重工程的完成情况，而不关注工程作用的发挥"现象。

五　农村人居环境整治制度保障体系不系统

系统梳理分析当前农村人居环境整治的制度可以发现，制度的系统性、完整性明显不足，突出表现在如下两个方面。

（一）制度缺乏系统性、完整性

从当前与农村人居环境整治相关的管理制度来看，大都零散地分布在不同的行业主管部门，彼此之间存在一定的重复与交叉，但有的制度之间存在冲突，一旦出现问题，采取哪种制度进行处理，就自然成为焦点，导致较为尴尬的局面。因此，需要从大尺度、大格局、整体性着眼，全面梳理已有相关制度，并进行有效整合，为农村人居环境整治提供制度保障。同时，完整的制度体系不仅需要强制性制度，更需要诱致性制度、协作性制度、激励性制度等，特别是彼此之间应如何共同发挥作用。当前，在农村人居环境整治中，更多的是以强制性制度为主，而缺乏必要的制度协同发挥作用，由此导致农村人居环境整治难以实现预期效果。

实践表明，农村人居环境整治并没有得到基层政府的广泛重视。在快速城镇化背景下，城镇公园、城镇生态环境建设是基层领导打造任期内政绩工程的重要内容，也是向上级领导展示其政绩的关键平台，自然成为他们关注的焦点。尽管国家针对农村人居环境整治采取了一系列政策措施，但并没有得到基层政府的积极响应并付诸实施。与此同时，无论是农村生活垃圾产生量，还是农村生活污水产生量都有一定幅度的增加，而处理设施没有得到相应的改善，再加上应付于上级"工程验收"而不注重效果的改厕模式，都有可能导致农村人居环境质量的下降。

（二）缺乏对农民义务规定的制度安排

众所周知，农业税取消之后，农民的义务意识逐渐弱化，甚至荡然无存。基层调研发现，农村人居环境整治中，有的地方农民没有承担相应的义务，一切事宜均由政府负责。在集体经济较为发达的地方，村里承担了生活垃圾、生活污水处理费用的一部分，成为各级政府投入的有效补充；但在集体经济较弱的地方，上述费用全部由各级政府承担。

（三）缺乏质量监管的相关制度体系

当前，我国对包括农村人居环境在内的环境污染问题的监管存在比较严重的缺位，一些地方依然处于空白。首先，我国最基层的环保部门是县一级环保机构，很多地方乡镇一级尚无相关职能部门，县级环保部门受各种条件限制，很难对农村环境进行有效的监管。其次，基层从事环境保护工作的人员相对较少，不仅没有建立起农村人居环境的监测网络系统，而且也无法充分利用相关的农村人居环境监测技术。此外，我国环境保护的法律体系中对何种行为应该处罚以及处罚的程度，规定得过于笼统，这导致环保执行部门难以有效行使环境执法权。

第八章　农村人居环境整治提升的路径及政策建议

农村人居环境质量直接影响农村居民生活的品质，实施乡村建设行动，生活垃圾处理、生活污水处理、"厕所革命"以及村容村貌改善依然是农村人居环境整治水平提升的重点内容。"十四五"时期乃至更长时期，实现 2035 年远景目标，需要依据实施乡村建设行动的战略部署，应更加聚焦农村人居环境整治提升中的短板与弱项，以满足农村居民日益增长的美好生活需要。

一　农村人居环境整治提升的路径选择

（一）有序推行垃圾分类，提升生活垃圾处理水平

推行农村生活垃圾分类化、减量化、资源化、无害化处理，是实施乡村振兴战略，持续改善农村人居环境的题中要义。一是借鉴浙江"千村示范、万村整治"经验，有序推行农村生活垃圾分类和

资源化利用。二是因地制宜选择垃圾处理方式，根据经济发展水平、地质地貌特点以及民族风情，确定适宜的垃圾处理方式。三是健全各项管理制度、垃圾处理技术规范，包括能够促进垃圾分类和资源回收利用的经济激励办法。

（二）因地制宜选择模式，提升生活污水处理水平

农村生活污水处理一直都是农村人居环境整治的难点，在实施乡村建设行动中，依然是一个难点。针对农村生活污水的处理，应切实考虑区域生态、经济、社会等因素的差异性特征，因地制宜选择生活污水处理模式，真正做到适宜、实用、实效。为此，一是对相关技术适宜范围进行评估。在实施农村人居环境整治中，一些地方也探索出了适宜区域特点的生活污水处理模式，处理技术及模式都已经成熟。需要注意的是，这些技术及模式并非具有普适性特点，为此，需要对这些技术适宜范围、推广条件等进行科学评估，提出详细的推广应用方案，更好地在更大范围内服务于农村生活污水的处理。二是加强新技术研发及相关技术整合。技术研发部门应该根据区域地貌、气候特征、地理位置，开展适宜区域上述特点的技术研发及模式筛选；同时，也可以对已有技术进行整合、改进，提高技术的区域适应性，确保生活污水的处理效果。三是因地制宜地选择一体化处理模式。基层调研发现，一些地方生活污水、"厕所革命"采取两套设施，污水管网方式不仅投资大，而且采取氧化塘方式处理的效果并不理想。在生活污水、"厕所革命"一体化处理方面，山东省莱芜区已有适应农村实际的生态清洁生物一体化处

理模式，可以在适宜区域进行推广，提升生活污水整治提升水平。

（三）以发挥实效为准则，推动厕所革命再升级

推动农村厕所革命，要注重实效。一是要科学确定厕所革命的模式，对东部、中部、西部地区广大乡村进行深入研究，提出不同区域"厕所革命"可以选择的模式，为不同区域因地制宜选择适宜模式提供空间；二是要创新"厕所革命"的推动方式，依据不同区域的气候特点及资金下拨时间，科学确定工程验收的时间节点，确保工程质量并发挥实效；三是因地制宜推广生活污水与"厕所革命"一体化模式，要对一体化处理模式或技术进行科学评估，甄别推广应用中需要解决的关键问题，据此确定适宜推广的区域；四是对验收工程进行全面的"回头看"，更好地把握"十四五"时期，特别是要实现 2035 年远景目标，"厕所革命"的任务究竟还有多少，不同省市区分布情况如何等，以便采取更加精准的措施加以整治提升。

（四）坚持多化融合之路，实现村容村貌的改善

基于 2035 年远景目标考虑，"十四五"时期应在"亮化、硬化、美化、绿化"的基础上，加上"立体化"，全方位改善村容村貌。一是持续推进村内道路的硬化、绿化，实现村内道路的畅通、美观；从严格意义上来讲，是对村内道路的提升改造，更好地适应农村社会经济发展的实际，满足农村居民生产生活需要。二是开展

创建"绿色家园"行动，鼓励农村居民对庭院及周边进行绿化、美化，增加绿地面积。三是继续实施乡村清洁工程，将村容村貌的改善从单一的平面化转向立体化，将空中无规则、散乱的各种电线、网线等进行认真梳理，改善空中景观，实现村容村貌的立体化美观。

二　农村人居环境整治提升的政策建议

面向 2035 年，特别是"十四五"时期农村人居环境整治提升，需要采取问题导向，沿着上述提出的路径，从组织、政策、模式、资金、人才及机制等方面，采取有效的政策措施加以推动，以保障美丽中国建设目标基本实现。

（一）加强农村人居环境整治提升的全面领导

习近平总书记在 2021 年中央农村工作会议上强调，要加强党对"三农"工作的全面领导。各级党委要扛起政治责任，落实农业农村优先发展的方针，更大力度推动乡村振兴。实施农村人居环境整治提升行动既是一项专业性很强的政治任务，也是一项政治性很强的专业任务。

1. 强化各级党委、政府的责任担当

各级党委、政府一定要以高度的政治责任感，与党中央保持高度一致，把精力放在实施农村人居环境整治提升行动上，做好"一线总指挥"；同时，各级党委、政府应加强相关专业知识的学习，

将专业知识作为中心组理论学习的重要内容，提升自身的专业领导力，以满足实施乡村建设行动的需要；基层党组织要切实承担起带领农村居民全面投入农村人居环境整治提升行动的政治责任，把党的领导贯彻到乡村振兴的各个领域；同时，在实施农村人居环境整治提升行动中，应加强基层党组织的战斗堡垒作用，充分发挥党的凝聚力、影响力、战斗力，以及党员的先锋模范作用。

2. 制订规划，明确整治的内容及优先序

一是充分认识到农村人居环境整治规划的重要性。二是制订详细的科学规划。根据村庄不同区位、不同类型、不同人居环境的现状，确定农村人居环境整治的重点，明确综合整治的路线图、时间表。三是科学核算资金需求规模。根据农村人居环境整治规划，充分考虑农村人居环境整治所需的硬件设施、运营等各种要素，对全国范围内农村人居环境整治所需要的资金规模进行科学核算。根据资金需求规模，在国家层面再制订实施的具体方案。

此外，应根据不同区域乡村振兴战略中所做的村庄建设规划，特别是这些村庄的空间分布特点，选择适宜的模式，并对每种模式下所需资金进行匡算，为实施农村人居环境整治提升资金投入提供科学的依据。

（二）建立农村人居环境整治提升的政策体系

加强制度建设，完善制度体系，是新发展阶段实施农村人居环境整治提升行动的重要任务之一。为此，应整合零散分布在其他制度中的相关条款，建立系统、完整的制度体系，并注重强制性、诱导性、协调性、激励性制度之间的协调。

1. 持续加大支持农村发展的政策

坚持农业农村优先发展，实行政府公共资源增量配置向乡村倾斜的政策，把农村人居环境整治提升行动放在公共财政优先支持的位置。

2. 推进农村金融体制改革

建立支持各类金融机构向乡村延伸的政策，以持续扩大农村金融服务覆盖面，为乡村各类主体提供多元化金融服务。支持农业信贷担保机构下沉业务，加快政策性农业信贷担保体系建设。强化金融服务方式创新，加大农村金融政策扶持力度，大力推行扶贫小额到户贷款，帮助农村居民缓解资金短缺难题。

（三）注重农村人居环境整治提升的模式创新

依据不同区域农村人居环境的实际情况，因地制宜地选择技术、模式，确保这些设施功能的发挥及可持续性。

1. 依据区位条件，确定整治的技术与模式

在国家层面上，相关部委的技术管理部门应对当前农村人居环境整治中所采用的技术进行分类，科学分析这些技术的特点及空间适宜性，提出一份"自上而下"的技术供给清单。在此过程中，建议将民营企业成熟的农村生活污水、生活垃圾处理技术以及"厕所革命"技术或者模式也纳入进来，这既增加了技术或者模式的可选择性，也有利于调动企业参与农村人居环境整治的积极性。同时，基层职能部门在推进农村人居环境整治进程中，对不同区域农村所需要的技术类型及模式非常清楚，可以提出一份"自下而上"的技术需求清单。通过技术供给—需求清单的对比，不同区域在开展农村人居环境整治中，可以选择出适宜的技术和模式。具体而言，一是实施生活污水与厕所一体化处理技术的推广应用。二是推广生活垃圾分类，提高农村生活垃圾资源化利用率。探索建立区域性"生活垃圾绿色银行"，建立"生活垃圾绿色账户"，以生活垃圾分类为前提，实现生活垃圾源头减量化，提高居民垃圾分类的积极性和主动性；以寻找生活垃圾资源化途径为根本，提升生活垃圾资源化利用率。

2. 科学对待地方探索的成功模式

一是生活垃圾处理不能盲目推崇"户分类、村收集、镇转运、县处理"模式，要充分考虑"农村生活垃圾进城"可能导致的负面影响，并建立完善的应急预案。二是在适宜区域推广生活污水与"厕所革命"一体化处理模式，保障生活污水的处理成效。切不可盲目地将城镇生活污水处理的管网模式，照搬到广大的农村地区。三是科学对待浙江"千村示范、万村整治"的经验，学习其先进的理念、系统完善的管理制度，结合本地区实际，确定适宜的模式。另外，要有序推进村庄治理，继续实施乡村清洁工程，增加绿地面积，开展创建"绿色家园"行动。

（四）加大农村人居环境整治提升的资金投入

尽管农村人居环境整治取得了一定成效，但与"十四五"时期及2035年远景目标相比还有很大的差距，依然是美丽中国建设的短板与弱项。为此，实现乡村建设行动，补齐上述短板与弱项，需要采取多种措施，进一步加大资金投入，为乡村建设行动提供资金保障。根据农村人居环境整治提升需求，资金投入一方面用于完善设施，另一方面用于建立运营机制。

1. 加大各级政府财政资金投入

在国家层面、省级层面，应根据农村人居环境整治提升行动的需求，进一步加大财政资金投入力度，切实做到公共财政更大力度向乡村倾斜，并逐步建立公共财政投入的稳定增长机制，为农村人居环境整治提升持续提供资金保障；在市级层面、县级层面，应根据区域农村人居环境整治提升行动的重点任务及资金需求，在国家、省两级财政资金投入的基础上，依据当地财政状况，将农村人居环境整治提升所需资金纳入每年的财政预算，作为国家、省两级财政资金投入的有效补充，确保农村人居环境整治提升的资金需求。应进一步调整与完善相关项目配套资金政策，采取差别性的配套比例，不能再"一刀切"推行配套，否则对地方带来财政压力，其后果就是相关设施质量的下降，设施功能的无效，以及财政资金的低效及浪费。

2. 确保土地增值收益的专用

在新发展阶段，特别是快速工业化、城镇化进程中，土地出让以及城乡建设用地增减挂钩指标等都产生增值收益，尽管国家层面要求将这些收益用于农村建设，但现实中，这些收益都被挪为他用。一些地方政府还采取相应的手段，将土地出让以及增减挂钩节约指标等提前进行处理，以实现收益他用的目的。为此，应采取有效措施，杜绝上述现象的存在，统筹安排土地出让收益、城乡建设用地增减挂钩节余指标有偿调剂使用所获土地增值收益，以及村庄复垦增加的耕地所获得的占补平衡指标收益，用于农村人居环境整治提升行动，作为资金需求的有效补充。

3. 逐渐完善多元化的融资机制

近年来，针对农村基础设施或者公共服务设施的建设及运营，全国范围内都提出了多元化的融资机制，提出并推行了"政府投入为主，村民支持为辅，积极发挥社会支持"的多元化融资机制，在一些地方运行也相当不错。但这种融资机制依然存在一些问题需要进一步完善。特别是，社会资本投资于农村人居环境整治提升行动，短期内可以有效解决地方财政不足问题，但需要明确的是，社会资本的进入该领域，其目的是为了实现盈利，而不是替代政府做民生工程。为此，基层政府在引进社会资本时，需要认真研究社会资本在短期、中期、长期产生的正面效应，同时更要分析存在的潜在问题，尤其是政府的债务风险问题，通过多次博弈达到共赢目的。同时，基于基层调研发现，投资即为责任。为此，在农村人居环境整治提升行动中，应适当收取农民一定的费用，以体现村民在公共设施运行维护管理中的责任。

4. 建立农村人居环境整治专项资金

农村人居环境整治是一项长期任务，建议在国家层面设立农村人居环境整治专项资金，明确政府的投资主体。同时，鼓励社会团体、企业和个人捐款或以其他方式积极参与到农村人居环境整治之中。此外，建立和完善适应各地经济发展水平的地方政府补助机制，作为国家专项资金、社会资金投入的有效补充。

（五）强化农村人居环境整治提升的人才培养

新发展阶段，应针对乡村人才短缺的实际，围绕着引不进、留不住、用不好等突出问题，采取有效措施加以解决。

1. 基于乡村人才实际，实施科学界才

建立健全乡村人才认定管理制度，科学确定对乡村科技人才、实用人才、专业人才、乡土人才、创新创业人才等群体的认定标准，出台认定管理制度，并做好统计工作。

2. 强化人才能力建设，实施精准育才

根据农村人居环境整治提升行动的需求，探索实施"自主点菜式"精准培训模式，实现乡村建设行动需求与培训内容供给的"无缝对接"，持续推进乡村人才的培育工作。

3. 创新人才招聘方式，实施灵活引才

树立柔性引才理念，通过兼职聘用、周末工程师、技术咨询、挂职锻炼等多种方式，灵活引进为乡村服务的各类人才。

4. 加强系统平台建设，实施高效用才

通过创新打造乡村人才施展才能的平台，让人才能充分发挥自身才能，更好地服务于农村人居环境整治提升工作，更好地服务于乡村建设行动，助力宜居宜业和美乡村建设。

5. 建立有效政策体系，确保长久留才

建立优化人才激励政策体系，除平台建设和工资待遇外，更需要好的宏观服务环境、城乡公共服务一体化的生活环境和保障条件，方能将人才留在乡村、扎根乡村、服务乡村。

（六）完善农村人居环境整治提升的长效机制

实现"十四五"时期特别是 2035 年远景目标，在实施农村人居环境整治提升行动中，必须建立与完善设施建设、运营、维护等全链条的长效机制，一方面保障行动能够取得预期成效，另一方面确保成效的可持续性。

1. 建立与完善乡村基础设施的运营管护机制

在具体项目设计之初，系统考虑建设与运营问题，并基于农村人居环境整治基础设施的属性，按照"专业人做专业事"的原则，建立相应的运营管护机制，逐步探索由专业公司运营的途径。其前提是要充分考虑不同区域的实际情况，特别是地方财政状况。在村集体经济条件较好的地方，可以探讨建立村级运营管护组织，培养专业人才，由村集体提供资金保障。同时，为增强村民的保护意识、参与意识、参与行动，依据村规民约中的相关规定，适当收取相应的费用，体现村民的主体地位。

2. 建立农村人居环境整治提升行动的评估机制

在实施农村人居环境整治提升行动之前，应采取第三方参与模式，对参与农村人居环境整治的利益相关者的行为、治理效果、满意度、存在的问题进行全面科学的评估，以寻求完善农村人居环境整治的途径与措施，特别是设施完成之后管护机制的完善，这是确保整治成效可持续性的关键。一方面，把当前农村人居环境状况特别是"厕所革命"的有效使用状况弄清楚，而不仅仅停留在卫生厕所普及率这个数字上。另一方面，科学甄别出建设、运营、管护中存在的关键问题，特别是农民的满意度，以及农民的期盼及诉求，以此作为优化策略的重要依据，确保"十四五"时期尤其是2035年远景目标的实现。

3. 建立农村人居环境整治提升行动的监督机制

针对农村人居环境整治中过度关注工程建设而不关注人居环境整治成效及可持续性问题，在实施农村人居环境整治提升行动中，应充分发挥基层党组织的作用，在基层党组织领导下，建立有效的监督队伍、规范的监督制度，将农村人居环境整治提升行动全方位监督落到实处，确保把民生工程做好、做实，真正惠及农民，而不能做成表面文章，使其成为"民怨工程"。将监督发现的问题，及时向相关部门进行反馈，并采取有效的整改措施，把问题解决在萌芽之中，为实现"十四五"时期特别是2035年远景目标提供重要保障。

4. 建立农村人居环境整治提升行动的参与机制

农村人居环境整治需要政府、企业与农民的广泛参与，但农民始终是农村人居环境整治的主体。如何调动农民的积极性，使其主体地位得到充分发挥，就必须建立有效的参与机制。为此，应以喜闻乐见的方式，向农民广泛宣传农村人居环境质量对身体健康的影响，提高他们对农村人居环境重要性的认知水平。在此过程中培养农民的责任意识，进而推动其生活方式的转变和参与意识的提高，从而能够积极、主动、全面参与农村人居环境整治的全过程。

在社会主义新农村建设以及美丽乡村建设中，本应成为主体的农民游离在主体之外，基层政府的职能部门替代农民成为关键主体，关注的是"自上而下"工程实施情况，对工程的效果并不关注，属于典型的工程式验收方式。正如上面所说的，卫生厕所普及率数字背后，使用率究竟是多少并没有给予关注。新发展阶段，农村人居环境整治提升要实现"十四五"时期特别是2035年远景目标，必须要发挥农民的主动性，使他们真正成为行为主体。为此，应建立有效的参与机制，把农民的参与情况作为星级家庭评比的重要内容，以调动农民的主动性、积极性，让农民真正参与到农村人居环境整治提升行动的全过程。

第九章　农村生活污水治理实践创新与政策建议

2018 年 2 月，中共中央办公厅、国务院办公厅印发的《农村人居环境整治三年行动方案》，对农村人居环境改善，美丽宜居乡村建设等进行了顶层设计，标志着国家有了农村人居环境整治的具体要求，对指导推动各地加快制定农村人居环境整治标准和具体行动方案，突破当前农村人居环境整治的"瓶颈"，具有划时代、里程碑、历史性的意义。新时代，农村人居环境整治应注重"三维度一个统筹"：三维度是指对农村人居环境整治的三大方面：农村生活污水治理、农村生活垃圾治理和农村厕所改造提出具体可行且有针对性的对策建议；一个统筹是指农村人居环境整治大局的整体把控。为此，针对农村人居环境整治问题，也将分别从农村生活污水治理、农村生活垃圾整治和农村"厕所改造"三个维度和农村人居环境整治提出政策建议。

一　农村生活污水及其治理的特点

随着农村经济的发展，以及农民人均可支配收入的增加，卫生洁具、洗衣机、沐浴设施等走进平常百姓家，广大农村居民用水量持续增加，而农村饮水安全工程为此提供了有效保障。但由于农村生活污水处理能力不足，生活污水产生量也急剧增加，这些未经处理的生活污水自流到地势低洼的河流、湖泊和池塘等地表水体中，严重污染各类水源；同时，生活污水也是疾病传染扩散的源头，容易造成部分地区传染病、地方病和人畜共患疾病的发生与流行。但与城镇生活污水及其处理相比，农村生活污水及其处理表现出自身的特点。

（一）农村生活污水的特点

相对于城市生活污水而言，农村生活污水具有以下几个特点。

1. 农村生活污水产生的多源性

一般而言，我国农村生活污水主要源于家庭生活过程中产生的灰水和黑水，其中灰水由厨房排水、卫生淋浴水、洗衣水构成；而黑水由粪便和尿液及其冲洗水构成。

2. 农村生活污水量的不稳定性

从农村生活污水产生量来看，相对于城镇生活用水量而言，农村居民日常生活用水量还是较少的，由此产生的生活污水量都比较小，但总量并不少。同时，农村生活污水产生量的变化系数大。因为广大农村地区居民生活规律较为相似，一般而言，农村生活污水排放量早晚比白天大，夜间排水量小，甚至可能断流，水量变化明显，即无水排放呈不连续状态，具有变化幅度大的特点。从更大时间维度来看，由于日常大多农村劳动力进城务工，农村留守人员多为老人、妇女、儿童，春节期间，务工人员返乡过年，此时生活污水产生量相对较大。

3. 农村生活污水质量的差异性

从农村生活污水水质来看，相对于城镇生活污水，农村生活污水浓度高，所含有机物浓度相对偏高，有关资料表明，COD 最高浓度平均达到 500 毫克/升，而且变数较大；大部分农村生活污水的性质相差不大，含一定量的氮、磷，当前基本上不含有重金属和有毒有害物质，不等于以后部分生活污水中不含有重金属和有毒有害物质。农村生活污水的水质波动大，可生化性强。首先是不同时段的水质不同，其次是不同来源的污水水质不同，如厕所排放的污水水质较差，但可进入化粪池用作肥料。

（二）农村生活污水治理的特点

从上面的分析可以看出，随着农民生活水平的提高以及农村生活方式的改变，生活污水的产生量也随之增长；村庄分散的地理分布特征造成污水分散，难以收集；除了来自人粪便、厨房产生的污水外，还有家庭清洁、生活垃圾堆放渗滤而产生的污水。目前，农村生活污水处理还没有形成一定的体系，污水处理能力未能与污水排放实现正比，还有一些地方，农村生活污水处理还处于空白，

"污水靠蒸发"现象依然普遍存在。与城镇生活污水集中处理不同，农村生活污水治理中表现出如下几个特点。

1. 农村生活污水排放量大而不稳

前面已经提到，相对于城镇居民，尽管农村居民人均生活用水量小，但由于农村居民数量庞大，生活用水量、生活污水量较大。同时，农村居民生活特点决定了生活污水排放的无规律性，以及水质与水量的不稳定性。

2. 农村生活污水集中收集难度大

由于村庄数量巨大，2016 年，全国有 52.62 万个行政村，261.68 个自然村。这些村庄空间分布零散，特别是广大的山区、丘陵地区，农村居民居住较为分散，生活污水源广而分散的特点，如果采取城镇污水管网集中处理模式，一方面是大规模管网收集的成本高，另一方面是收集效率低，难以达到集中处理的最低水量，经济上不合算。上面的计算结果表明，当前对生活污水进行处理的行政村的比例仅为 20.00%，农村生活污水处理水平低。

3. 农村生活污水治理水平差异大

2016 年，东部地区对生活污水进行处理的行政村比例分别高出中部地区、西部地区 13.97 个百分点、13.99 个百分点。这个结果表明，造成区域间差异明显的重要原因之一，就是经济发展水平的差异性。

4. 农村生活污水治理率比较低

相对于城市污水处理率，农村污水处理率较低，见表 9-1。从中可以看出，2012 年，农村生活污水处理率仅为 8%，远低于城市生活污水处理率的 87%，也低于县城、建制镇生活污水处理率的 75%、28%。2008—2012 年，农村生活污水处理率从 3% 增加到 2012 年的 8%，表 9-1 表明，尽管农村生活污水处理率有所提升，但提升的幅度不大。但随着农村人居环境整治方案的实施，农村生活污水处理率将会有一个较大幅度的提升。

表 9-1 2012 年中国生活污水排放与处理情况

单位：立方米/天；%

类别	生活污水排放量	生活污水处理率	生活污水未处理量
城市	11418	87	1450
县城	2336	75	578
建制镇	2677	28	1926
村庄	3220	8	2927

资料来源：中华人民共和国住房与城乡建设部。

二 农村生活污水治理的几种典型模式

从农村生活污水处理工程化情况分析，污水处理工艺的选择应满足处理规模、污水特征、出水水质及排放水体等要求。同时，还应结合当地污水的特点有针对性地选择适宜的处理工艺。我国地域辽阔，自然地理条件以及社会经济状况的不同，孕育了不同的村庄特质。因此，农村生活污水的处理模式也多种多样，这些模式与农村村落的地形条件、农户分布、风俗习惯以及生活污水收集方式等紧密相关。从目前情况来看，广大农村生活污水处理模式可以概括为如下三种模式：一是城乡统一治理模式，二是村落集中治理模式，三是农户分散治理模式。

（一）农村生活污水的城乡统一治理模式

城乡统一收集方式是指城镇污水处理管网可以延伸到邻近市区或城镇周边的村落，将农村生活污水集中收集后，进入市政污水管网，由城镇污水处理厂集中处理。这种模式的显著特点，就是在村庄附近无须就地建设污水处理站，具有较高的经济性，而且处理效果较好。同时，这种模式的适用性也有一定的局限性，即对村落的地理位置等具有较高的要求。广泛基层调研发现，城镇污水管网延伸的半径一般在 5 千米左右，否则成本太高；同时，在这种情况下，农村生活污水可以依靠重力流直接流入市政污水管网，与城镇污水统一处理。

调研还发现，这种处理模式存在一个突出的问题，即不考虑农村实际，简单地、不计成本地把城镇污水管网模式应用于广大农村，通过大工程实施改厕与生活污水一体化处理，没有把好事做好、做实。

实施农村生活污水的城乡统一处理模式，需要考虑如下几个问题：一是城镇周边农村的空间分布，离城镇的距离是否在合理的范围之内。二是城镇污水处理能力情况，将周边村庄污水纳入城镇管网之后，增加的污水负荷叠加在城镇污水处理能力之上，是否还在已有污水处理厂的设计处理能力范围之内。三是地方财政能力情况，要对将城镇污水管网延伸到周边农村，需要财政支撑，如果不考虑地方财政能力，将会带来后续的一系列问题。

（二）农村生活污水的村落集中治理模式

采取这种模式进行农村生活污水处理，要求农户集中居住程度较高，村庄内全部或部分农户具备管网敷设条件或者修建暗渠，同时，要具有一定的空闲土地修建相应的厌氧处理池、人工湿地等简易的污水处理设施。当前，这种模式是我国农村生活污水处理中普遍应用的方式，通过在村庄附近建设一处农村生活污水处理设施，将村庄内全部污水集中收集输送至此就地处理。这种模式在广大的山区、丘陵地带适应性较强，利用自然地理条件，农村生活污水通过村内的排水渠道进行集中收集，然后再进行适当处理。这种采取人工湿地及稳定塘的处理模式，所采用的技术相对成熟。但这两种工艺各有优缺点，有其一定的适用性，而且生态工程技术的缺点在于占地面积大，处理效果不稳定。该模式一个显著的优点，就是成本较低，与此同时，在生活污水量大且时间较为集中的时间，处理效果可能达不到相应的要求。

对于地处平原地区的广大农村而言，尽管人口居住较为集中，但该方式难以适应，原因有两个方面：一是采取城镇管网铺设方式，集中收集处理成本较高。二是平原地区铺设管网要求从农户到集中收集点必须有一定的坡降，否则生活污水难以利用自重流动的方式流入。基层调研发现，基层政府为了打造农村社会污水处理的典型，利用项目资金在地处平原地区的村庄采取城镇污水管网铺设方式，对农村生活污水进行集中收集处理，不但成本较高，而且不具备可推广性。

（三）农村生活污水的农户分散治理模式

农村生活污水的农户分散处理模式，主要适用于无法集中铺设管网或集中收集处理的村落，特别是适用于居住较为分散的山区、丘陵地带。农户通常在自家庭院内建有户用沼气池等污水处理设施，对农村生活污水进行处理。因为，这些区域由于农户居住分布较远，如果采取城镇污水管网的方式，建设成本相对较高，再加上村落规模较小，适用性不强。

三　农村生活污水治理的成效分析

农村生活污水存在面广量大的特点，处理难度较大，是农村人居环境整治的主要难题之一。随着国家污染防控力度的加大，农村生活污水处理得到了一些有建设性的污水处理技术和处置模式的支持，但结合不同地区农村的规划布局、经济水平和环境条件，生活污水技术和处理模式也存在多种方式。

（一）村庄层面生活污水治理

宏观数据表明，目前我国有 43.65% 的村建有生活污水处理设施或纳入了城镇管网，但不同区域之间表现出明显的差异性，东部地区、中部地区、西部地区分别为 76.03%、42.03%、26.44%

（见表9-2）。监测结果显示，71.26%的村已经没有生活污水乱排乱放现象，实现了生活污水的有效处理和良好管控。对生活污水进行处理的行政村比例比2015年提高了32.21个百分点。

表9-2　　　　　　农村生活污水处理的行政村比例　　　　单位：%

年份	全国	东部地区		中部地区		西部地区	
		村庄比例	与全国相比	村庄比例	与全国相比	村庄比例	与全国相比
2015	11.44*	21.09	9.65	5.22	-6.22	6.77	-4.67
2019	43.65**	76.03	32.38	42.03	-1.62	26.44	-17.21
2019年与2015年相比	32.21	54.94	22.73	36.81	4.6	19.67	-12.54

注：＊该数据不包含西藏自治区。表中数据是针对监测村中，建有生活污水处理设施或纳入城镇管网的比例。＊＊该数据来源于农业农村部委托第三方机构开展的全国农村人居环境整治监测。

资料来源：《农村人居环境整治报告（2019）》《中国城乡建设统计年鉴（2015）》。

（二）农户层面生活污水治理

基础调研发现，当前农村生活污水处理方式包括直接排放、纳入污水管网、沼气池处理或人工湿地处理等。在样本农户中，选择"直接排放"的农户比例为56.92%，选择"进入城市污水管网"的农户比例为27.85%，选择"沼气池处理"的农户比例为5.63%，选择"人工湿地处理"的农户比例为1.13%，选择"其他"的农户比例为7.83%。其中，其他排放方式主要包括"自建化粪池、污水井""村网、污水处理站，由村里统一处理"两种，选择前者的农户比例为40.00%，选择后者的农户比例为35.41%。这些数据透露出如下几个方面的信息：一是随着农村生活水平的提高和农民环境保护意识的提升，一部分农户采用自建化粪池、污水井的方式自行处理污水，改善院落内生活环境。二是一些村集体经济条件相对较好的村庄，通过完善村网、村庄污水处理站、氧化塘等，对村内生活污水进行统一处理。

不同区域农户层面生活污水处理方式表现出一定的差异性特点。选择"直接排放"方式的农户比例，东部地区、中部地区、东北地区、西部地区分别为33.33%、60.37%、90.08%、65.12%；相反，选择"进入城市污水管网"方式的农户，上述区域的比例分别为55.18%、25.16%、3.75%、13.60%。由此看出，农村生活污水直接排放的占比较高，农村生活污水处理依然是农村人居环境的短板与弱项，也自然是实施乡村建设行动的重点内容。

四　农村生活污水治理中存在的问题

从农村人居环境整治的实践来看，尽管国家在相关政策中有所提及，但进展并不是太快，效果也不尽理想。进入新时代，以农村生活污水治理为重要内容的农村人居环境整治受到高度关注。

（一）农村生活污水治理中"两难一低"问题突出

由于农村居民分散居住，特别是在山区、丘陵地区，农民居住点更加分散，再加上生活污水管网铺设的成本相当高，财政难以支撑，因此，这些地方农村普遍缺乏污水收集管网与处理设施，对生活污水实施收集相当难；同时，由于不同地域农村居民用水习惯不同，生活污水产生量和排放规律存在很大的空间异质性，客观上决定了生活污水处理难度较大。此外，一些地方采取的污水处理模式不适合当地的具体情况，导致生活污水处理效率较低。这是当前我国广大农村生活污水处理中存在的突出问题。

此外，污水处理设施方面，农村水平远远低于城市。从历年排水管道长度与供水管道长度的比例来看，城市占比呈现出长期稳定增长的趋势，从 2007 年的 65.28% 持续增长到 2016 年的 76.21%；而农村占比自 2009 年以来就长期稳定在 45% 上下，明显低于城市占比。这也是农村生活污水处理率远低于城市、县城、建制镇生活污水处理率的重要原因之一。

（二）农村生活污水治理基础设施投入不足

相对于城镇而言，农村人居环境近几年才得到广泛关注。对基层政府而言，城镇及其环境建设历来是他们关注的重点，也是基层领导展示"政绩"的关键，因而对广大农村环保基础设施建设投入严重不足，由此导致了农村人居环境治理难以取得显著成效。

从总体上看，我国城市用于排水和污水治理的财政投入都在保持稳定的上升趋势，2016 年城市排水投入 1222.51 亿元，其中污水治理投入达到 489.90 亿元。与此同时，我国农村排水和污水治理的财政投入虽然也保持了持续稳定的增长，但是，投资额度的绝对量却明显低于城市，2016 年农村排水投入为 228.76 亿元，仅为城市投入额度的 18.71%，其中污水治理投入 98.70 亿元，仅为城市投入额度的 20.15%。

　　国家对农村生活污水治理投入的不足一方面是长期以来我国城乡二元经济结构下政策资源进行差异化分配的结果，另一方面则是农村居民分散居住的结果。与大中型城市建设集中式污水处理厂相比，小城镇和农村生活污水处理存在较大的困难。大多数农村地区受经济条件、基础设施建设、农村居住分散等条件的限制，尚没有建立生活污水处理系统。对于一部分建设了污水处理系统的农村地区，污水处理管网和设备的建设投入以及后续的管理维护都需要投入大量资金，政府承担了从规划设计、建设运营到管理维护的绝大部分责任和负担，而且污水处理率越高，财政压力也越大；然而，由于农村居民居住分散且配套的基础设施无法跟进，导致在实际运行中污水处理的效果并不理想，处理设备低效运营甚至失效现象普遍存在，造成了严重的资源浪费。

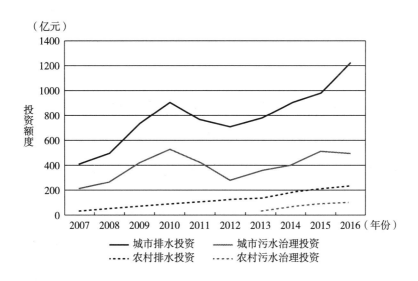

图9-1　我国城市与农村历年污水治理投资额度

资料来源：历年《中国城乡建设统计年鉴》。

从表9-3中可以看出，2016年，农村排水设施投资占市政投资的比例为10.79%，而污水处理设施投资占市政设施投资比例仅为4.66%，占排水设施投资的比例为43.15%，相对于农村生活污水治理等人居环境整治的需要，投入严重不足。

表9-3　　　　　2016年不同区域排水设施、污水处理设施比例

单位：亿元;%

区域	市政公用设施	排水设施投资及比例		污水处理设施投资及比例		
		投资	占市政投资比例	投资	占市政设施投资比例	占排水设施投资比例
全　国	2119.78	228.76	10.79	98.70	4.66	43.15
东部地区	891.67	144.33	16.19	74.79	8.39	51.82
中部地区	451.91	36.73	8.13	6.97	1.54	18.98
西部地区	763.16	45.99	6.03	15.82	2.07	34.41

注：表中的数据不包括西藏自治区。

资料来源：根据《中国城乡建设统计年鉴（2016）》中的数据整理得到。

不同区域农村排水设施投资、污水处理设施投资及所占相应投资的比例表现出明显的差异性。对农村排水设施投资而言，东部地区为144.33亿元，占全国排水设施投资总额的63.09%，而中部地区、西部地区分别占16.06%、20.10%；对农村排水设施投资占市政投资比例而言，东部地区为16.19%，而中部地区、西部地区分别占8.13%、6.03%。

对污水处理设施投资而言，全国总投资为98.70亿元，其中，东部地区占75.78%、中部地区占7.06%、西部地区占16.03%；这

一投资占本区域市政设施投资比例的区域之间差异也较为明显，东部地区为 8.39%，中部地区为 1.54%，西部地区为 2.07%；这一投资占本区域排水设施投资比例分别为 51.82%、18.98%、34.41%。以上投资额度以及所占相应投资比例都较 2013 年有一定程度的增加（见表 9-4）。

表 9-4　　　　2013 年不同区域排水设施、污水处理设施比例

单位：亿元；%

区域	市政公用设施	排水设施投资及比例		污水处理设施投资及比例		
		投资	占市政投资比例	投资	占市政设施投资比例	占排水设施投资比例
全　国	1849.55	135.43	7.32	32.49	1.76	23.99
东部地区	880.69	78.09	8.87	25.24	2.87	32.32
中部地区	377.15	29.84	7.91	2.77	0.73	9.29
西部地区	585.00	26.75	4.57	4.22	0.72	15.77

注：表中的数据不包括西藏自治区。
资料来源：根据《中国城乡建设统计年鉴（2013）》中的数据整理得到。

表 9-5　　　　农村排水设施、污水处理设施投资强度及变化

单位：万元；元

年份	每个行政村排水设施投资强度	每个行政村污水处理设施投资强度	人均排水设施投资强度	人均污水处理设施投资强度
2013	2.52	0.60	17.13	4.11
2016	4.35	1.88	28.94	12.49
增加量	1.83	1.28	11.81	8.38
增长率	72.62	213.33	68.94	203.89

注：表中的数据不包括西藏自治区；人均是按照户籍+暂住人口进行匡算的。
资料来源：根据《中国城乡建设统计年鉴》（2013）（2016）中的数据整理得到。

　　农村排水设施及污水处理设施的投资强度，可以采取两种方式，一种是按照每个行政村来计算，另一种是按照行政村人口来计算，结果见表9-5。从基于行政村的投资强度来看，2016年每个行政村排水设施投资仅仅为4.35万元，污水处理设施投资仅仅为1.88万元，分别比2013年增长了72.62%、213.33%。从基于人口的投资强度来看，2016年人均排水设施投资强度为28.94元/人，人均污水处理设施投资强度仅仅为12.49元/人，分别比2013年增长了68.94%、203.89%。但在当今材料价格、劳动力价格日益攀高的情境下，如此低的投资强度根本解决不了实际问题，导致的结果则是基层政府相关部门为了完成上级下达的"指标"，只能采取降低工程质量，以应对上级部门的检查与验收。不同区域排水设施、污水处理设施的投资强度的变化情况见图9-2。

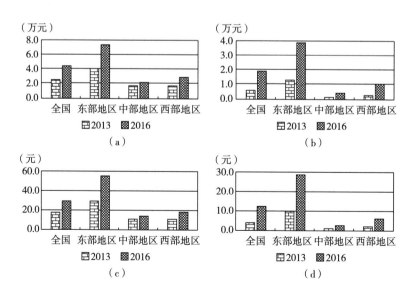

图9-2　不同区域农村排水设施、污水处理设施投资强度及变化

　　注：（a）、（b）分别是按照行政村计算的排水设施、污水处理设施投资强度；（c）、（d）分别是按照行政村人口计算的排水设施、污水处理设施投资强度。

（三）农村生活污水治理技术适应性较差

由于我国广大农村所处的区域生态条件，以及风俗习惯、人口、经济及社会条件差异性大，同时，广大农村居民的认知程度也存在明显差异，如果采取单一的污水处理模式或者技术，就难以达到农村生活污水达标处理的目的。从目前来讲，我国农村生活污水处理大致形成了 3 种模式，即分散处理模式、村落集中处理模式及纳入城镇排水管网模式。可以说，后两种模式的污水处理技术比较成熟，分散处理模式中的技术具有明显的区域适宜性的限制。

调研发现，国家一些研发机构推广应用的农村生活污水处理技术，区域适应性较差，特别是缺乏高寒地区农村生活污水处理的有效技术；同时，国家有关部委推行应用的一些技术与设施成本较高，远远高于个体企业立足于广大农村探索出的适用性较强的生活污水处理技术与设施的成本。此外，在农村生活污水处理方面，缺乏一种系统观点，没有将农村生活污水与"厕所革命"进行一体化处理。

（四）政府对农村环境污染存在监管缺位

当前，我国对农村生活污水环境污染问题的监管存在比较严重的缺位。首先，我国最基层的环保部门是县一级环保机构，乡镇一级尚无相关职能部门，县级环保部门受各种条件限制，很难对乡镇环保部门进行有效的管理。其次，我国基层从事环境保护工作的人员相对较少，不仅没有建立起农村生活污水污染的监测网络系统，而且也无法充分利用相关的农村水质监测技术。此外，我国环境保护的法律体系中对何种行为应该处罚以及处罚的程度规定得过于笼统，导致环保执行部门难以行使环境执法权。

在环保监管实践中，由于我国环境监管机构不健全、监管方式手段过于落后、监管方式不够规范，导致政府对农村生活污水污染环境的监测与监察工作基本缺位。一方面出现了以权代罚、以费代罚的现象；另一方面，由于监管权力和执法权力存在重叠或冲突，导致环境保护部门承担环境治理责任时出现互相推诿的现象，污染事故无人管、环保咨询无处问的情况也时有发生。此外，我国环境保护的法律体系中没有明确规定实施执法监督权的具体环保部门，在实际环保执法中导致执法空当。而我国环境保护法最突出的特征就是以实体法为主，程序法很少，而且程序法大部分分散在各个实体法中，这在很大程度上限制了我国农村生活污水污染防治措施的有力实施，阻碍了我国治理农村生活污水污染环境的速度。

（五）农村生活污水治理的长效机制缺乏

一是缺乏运营管护机制。目前包括农村生活污水治理设施在内的一些环保设施，还没有一个有效的运营与管护长效机制，既没有运营组织，也缺乏管护经费，在一定程度上导致了设施的闲置，造成投资的低效甚至无效。二是缺乏有效的评估和监督机制。由于农村生活污水处理最近几年才得到重视，还没有建立起相应的评估和监督机制，在一定程度上影响了处理的成效。三是缺乏有效的农民参与机制。农村居民受传统生活习惯的影响，对生活污水造成的污染缺乏认识。同时，我国农村生活污水处理刚进入探索阶段，农村居民对生活污水处理持有怀疑态度，对生活污水处理设施的建设行为不能充分理解，参与程度较低。

五　加强农村生活污水治理的政策建议

（一）坚持实事求是原则，制订农村生活污水治理规划

一是充分认识到农村人居环境整治规划的重要性，特别是对农村生活污水处理工作的引领作用，避免项目实施的随意性。二是制订详细科学规划。根据村庄不同区位、不同类型、不同人居环境的现状，确定农村生活污水处理应采用的技术与模式，根据《农村人居环境整治三年行动方案》的要求，制订出详细的路线图、时间表。三是科学核算资金需求规模。根据农村人居环境整治规划，充分考虑农村生活污水处理所需的硬件设施、运营条件等各种要素，对全国范围内农村生活污水处理技术与实施所需要的资金规模进行科学核算。根据资金需求规模，在国家层面再制订具体的实施方案。

（二）推动技术模式创新，保障农村生活污水治理成效

一是加快已有技术的推广应用。对农村生活污水处理，已经探索出了一些有效的技术，需要加快推广应用，在更大范围内服务于

农村人居环境整治。同时，探讨将个体企业成熟的农村生活污水处理技术及设施纳入国家相关部门推广体系的途径，发挥他们参与污水治理的作用。二是加快新技术研发。根据规划所划分的区域，研发农村生活污水处理所需技术，提高技术的区域适应性。三是加强相关技术整合，选择相应的模式。农村生活污水处理所需的技术具有综合性特点，因此，需要加强各种相关技术的整合；同时，应根据山区、丘陵、平原地区的不同地貌特征，寒带、温带、热带不同的气候特征，城镇郊区、边远地区不同的条件，以及农村生活污水产生量的差异性，选择集中处理或者分散处理模式。

图 9-3　黑龙江省桦川县污水处理

资料来源：笔者拍摄。

（三）加大资金投入力度，完善农村生活污水治理设施

一是设立专项资金。针对广大农村生活污水治理的实际状况，建议在国家层面设立农村生活污水处理专项资金，明确政府的投资主体。二是鼓励社会资金参与农村污水治理。在国家设立专项资金

的同时，政府应积极鼓励社会团体、企业和个人捐款或以其他方式积极参与到农村生活污水治理之中。三是增加地方政府财政投入。根据不同区域经济发展水平，建立和完善适应各地经济水平的地方政府补助机制，作为国家专项资金、社会资金投入的有效补充，将农村生活污水处理的资金投入纳入国家财政体系中，逐年增加对污水处理设施的建设和维护费用。

（四）建立管护长效机制，维护农村生活污水设施

一是建立有效的生活污水设施运营机制。在农村生活污水治理之初，政府负责相应设施的运营与维护较为合适，运营一段时间之后，应逐步过渡到政府和用户以外的第三方。通过专业机构的运营与管护，更有利于保障设施的正常运行，便于实施监管。需要指出的是，应根据集中处理与分散处理的具体特点，确定运营机制。二是建立评估与监督的有效机制。建立农村生活污水处理评估与监督的有效机制，及时发现其中存在的问题，寻求解决的途径。三是建立有效的农村居民参与机制。通过提高农村居民的认知水平，使他们逐步产生相应的责任意识，进而提高农村居民的参与意识，使其积极、主动、全面地参与农村生活污水处理的全过程。

第十章　农村生活垃圾治理实践创新与政策建议

　　改革开放以来的经济高速发展，推动了我国农村人口和消费结构的巨变，伴生了农村生活垃圾的不断增长和成分的复杂化，以及不易分解的工业制品和有毒有害物质的增多。相对滞后的农村垃圾处理能力和基础设施，不能保障农村生活垃圾得到全部、及时和有效处理，带来对大气、土壤和水体的污染和伴生的环境问题，威胁到农村居民的身体健康，并且影响了乡村面貌。推进我国农村生活垃圾治理，是实现新时代城乡均衡发展、建设宜居宜业和美乡村和全面振兴乡村社会的必然要求。在全面迈入新征程的时代背景下，农村生活垃圾治理也迎来了发展的大好机遇。本章对农村生活垃圾治理模式进行阐述的基础上，分析了我国农村生活垃圾治理实践及成效，并分析了农村生活垃圾治理中存在的问题，提出加强农村生活垃圾治理的政策建议。

一　农村生活垃圾治理的主要模式

本部分从产业链角度、建设和运营主体角度、垃圾收集方式以及最终处理方式四个角度，分析探讨了农村生活垃圾治理模式及其发展。这些模式随着社会经济发展，在垃圾处理中的发展趋势是不同的。

（一）基于全产业链的农村生活垃圾治理模式

从全产业链的视角看，农村生活垃圾治理模式包括城乡一体化、就地分散减量和分类减量分散处理三种。不同区域农村生活垃圾处理模式的选择，主要与当地经济发展水平和自然地理条件密切相关。

1. 城乡一体化模式

"户收集、村集中、镇转运、县（市）集中处理"的城乡一体化运作模式。即将城市环卫服务，包括环卫设施、技术和管理模式延伸覆盖到镇和村，对农村生活垃圾实行统收统运，集中到县进行最终处理。这种模式已经在发达地区，如浙江、山东等地广泛采用，并在全国逐步推开。

2. 就地分散减量模式

主要在人口密度小、县域面积大、经济相对不发达的地区采用。居住分散。面积较大的农村山区，很多采用这种方式。

3. 分类减量分散模式

即将垃圾按不同类型分开收集、分别处理。这种方式在一些发达的农村地区探索。厨余垃圾是探索的重点。在垃圾分类的基础上，浙江、江西等很多地方正在试图利用小型设备专门将厨余垃圾处理成有机肥，进而资源化利用。

（二）基于建设和运营主体的治理模式

从农村生活垃圾治理设施建设和运营主体来看，一般有两种方式：一种是政府运行体系，即垃圾处理体系不仅由政府投资建立，而且由政府负责日常的运营与管护。另一种则是市场运行体系，即由政府以购买服务的方式，委托第三方专业生态保洁和垃圾清运处理公司负责设施运营及日常管理。我国农村生活垃圾处理目前以政府自己运营为主，市场化程度、民营企业和社会资金参与度低。将部分或全部垃圾处理委托给第三方的PPP模式正在浙江、山东、江西等很多省份探索试行中。

（三）基于垃圾收集方式的治理模式

从农村生活垃圾收集方式来看，可以划分为混合收集和分类收集两种方式。

1. 混合收集方式

混合收集方式是当前我国农村生活垃圾收集的主要方式。我国绝大部分农村地区是将垃圾混合收集在垃圾箱或垃圾池中。不同类别的垃圾混合收集起来，一方面是产生量大，另一方面则是垃圾的成分复杂，这类收集方式下的生活垃圾大部分被直接填埋或焚烧掉。

2. 分类收集方式

但是一些对环境保护重视的农村地区就探索了二次分拣，以实现垃圾的资源化利用。垃圾分类收集刚刚起步，目前还处于探索阶段，仅在一些示范县（市、区）内实施并取得成效。垃圾分类主要有一次分类和二次分类两种方式：一次分类即是从源头就将垃圾按照不同处理方式分类到位。但不同地区有不同分法。如北京的马各庄村，分为"灰土、厨余、可燃、有害、不可再生"五类，浙江的谢家路村分为不可回收、可回收和有毒有害三类，还有的村只分可回收、不可回收两类等。二次分类主要的方式是浙江金华等地实施的"两次四分"垃圾收集法和"垃圾不落地"的转运方法。即农户进行第一次分类，将生活垃圾分成"会烂的"和"不会烂的"两类，分别投放到单独的户用垃圾筒，然后村保洁员进行二次分类，对"不会烂的"垃圾再分为"好卖的"和"不好卖的"两类。显然，让农民分辨"会不会烂""好不好卖"相对简单。

（四）基于最终处理方式的治理模式

垃圾的最终处理方式主要包括填埋、焚烧和资源化利用。我国农村地区生活垃圾处理的主要方式目前是填埋。有资料显示，填埋处理约占总处理量的90%以上，其中又以简易填埋为主，占比超过一半。简易填埋二次污染严重，制约了后续处理方案选择。

其次为堆肥处理，约占总处理量的 6%。焚烧可以使垃圾减量 80%—90%，但是目前还处在发展阶段，在发达地区占比更高一些。如在广东，农村垃圾焚烧占 33.95%，高温堆肥和再利用所占比例仅为 4.48%。

二　农村生活垃圾治理成效分析

与过去相比，随着 GDP 和人均收入的增加，农村生活垃圾产生量逐渐变大，成分日益复杂。在当前农村生活垃圾收集及处理设施不健全，以及运营机制不完善背景下，农村生活垃圾成为影响农村人居环境的最重要的因素之一。

本部分所采用的宏观数据来源于农业农村部委托第三方机构 2019 年对 31 个省（区、市）和新疆生产建设兵团 167 个县（市、区、旗）2422 个村的监测；农户层面的数据来源于中国社会科学院农村发展研究所 2020 年 8 月在全国 10 个省（市、区）50 个县（市、区）所做的乡村振兴数据库调查。

（一）村庄层面生活垃圾处理情况

通常所讲的生活垃圾处理，涵盖了收集、清运、处理三个不同环节。监测数据表明，实现生活垃圾日常收集、清运、日常处理的行政村所占比例分别为 81.75%、77.76%、79.05%，区域之间的差异非常明显（见表 10-1）。

垃圾处理	全国	东部地区		中部地区		西部地区	
		村庄比例	与全国相比	村庄比例	与全国相比	村庄比例	与全国相比
实现生活垃圾日常收集	81.75	91.47	9.72	81.92	0.17	75.81	-5.94
实现生活垃圾清运	77.76	96.14	18.38	77.64	-0.12	67.15	-10.61
实现生活垃圾日常处理	79.05	94.65	15.6	79.69	0.64	70.12	-8.93

表 10-1 中农村生活垃圾处理的行政村比例 单位：%

资料来源：《农村人居环境整治报告（2019）》。

从动态来看，对生活垃圾处理的行政村比例，与 2015 年的 62.20% 相比，2019 年提高了 19.55 个百分点。东部地区、中部地区、西部地区都有明显的增加，分别提高了 11.08 个、34.43 个、21.56 个百分点（见图 10-1）。

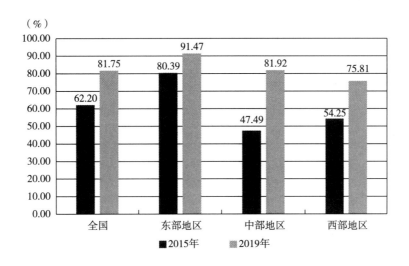

图 10-1 对生活垃圾处理的行政村比例的变化情况

资料来源：《农村人居环境整治报告（2019）》《中国城乡建设统计年鉴（2015）》。

（二）农户层面生活垃圾处理情况

农村生活垃圾是农村人居环境整治的重要内容之一，实现垃圾分类是从源头减少生活垃圾处理量的重要方式。农户问卷数据表明，对生活垃圾进行分类的农户比例为54.72%。由此表明，实施乡村建设行动，推动农村人居环境整治提升中，进行生活垃圾分类的任务依然艰巨。开展农村生活垃圾分类的区域差异性非常明显，东部地区农村生活垃圾分类覆盖面较广，有60.79%的农户对生活垃圾进行了分类，而中部地区、东北地区和西部地区则分别为34.77%、38.87%、40.45%（见表10-2），明显低于东部地区。

表10-2　　　　　不同区域农村生活垃圾"户分类"情况　　　　单位：户；%

区域	样本农户数	分类处置		未分类处置		未回答	
		数量	比例	数量	比例	数量	比例
东部地区	1140	693	60.79	445	39.04	2	0.18
中部地区	926	322	34.77	596	64.36	8	0.86
东北地区	373	145	38.87	227	60.86	1	0.27
西部地区	1382	559	40.45	823	59.55	0	0.00

资料来源：实地农户问卷调查。

从农村生活垃圾处理方式来看，近些年来推行了城乡环卫一体化模式，通过购买第三方服务，由专业保洁公司实施。在此背景下，较多地采取村庄收集方式，对农村生活垃圾进行处置。农户问卷数据表明，东部地区、中部地区、东北地区、西部地区这一比例分别为 94.74%、93.52%、89.01%、86.32%。由此可以看出，东部地区生活垃圾"户分类""村收集"处置模式覆盖面最广，西部地区"户分类"覆盖面高于中部地区和东北地区，但是"村收集"覆盖面却低于中部地区和东北地区。值得关注的问题是，如何实现"户分类"与"村收集"之间的有效衔接，这是提高农村生活垃圾处理效率的关键。

三　农村生活垃圾治理中存在的问题

经过多年发展，我国农村生活垃圾处理已经有了很大进展，生活垃圾的收集、处理比率显著提高，基础设施条件明显改善，治理资金投入不断增加。但是无害化处理率不高，处理条件与需求间有不小差距，资金缺口也依然较大。

（一）农村生活垃圾分类短期内难以推行

当前，生活垃圾分类已经成为一种时尚，但在农村人居环境整治提升过程中，过度强调生活垃圾分类还为时尚早，特别是采取行政命令强行推行则是违背实事求是原则的。当前，有关农村生活垃圾分类中存在一些还没有解决的问题。

1. 生活垃圾分类多流于形式

农村生活垃圾主要分为可回收垃圾，如包装纸、购物袋、塑料制品、易拉罐等；不可回收垃圾，如厨余垃圾、果皮、花草、烂菜叶、灰土等；有毒有害垃圾，如废电池、荧光灯管、水银温度计、过期药品、化妆品等。厨余垃圾和草木灰等可归为可腐熟降解类垃圾。一些农村配备了集中处理垃圾箱，但垃圾分类标准不明晰，且垃圾分类宣传不到位，再加上农民自身知识的缺乏，不能对垃圾进行正确分类，使农村生活垃圾分类工作流于形式。

2. 农村居民参与生活垃圾分类的程度低

农村居民普遍缺乏生活垃圾分类处理意识，居民参与程度也不高。具体表现为多数居民生活垃圾分类意识低，没有形成良好的生活垃圾分类习惯。如何提高居民参与生活垃圾分类的积极性，实现从"要我分类"到"我要分类"，让居民养成对生活垃圾分类的好习惯，值得相关部门深思。

3. 农村生活垃圾分类处置运行成本较高

生活垃圾的分类处理涉及诸多环节，过程也相对复杂。分类处理的基础设施费用、运输费用较多，近郊农村的发展水平相对较低，且缺少财政支持，导致在近郊农村实行垃圾分类集中处理的可行性较低。此外，近郊农民对生活垃圾分类收集的自发性和积极性不高，增加了农村生活垃圾分类集中处理的成本。

（二）农村生活垃圾治理基础设施依然不足

农村垃圾处理的物质条件有了较大改善，但还满足不了现实需求。从乡镇拥有的环卫车辆看，建制镇和乡环卫专用车辆设备从1990年的0.5万台和0.16万台分别增长到2000年的2.9万台和0.68万台。从2007—2016年的发展趋势看，镇和乡环卫车辆趋于增长，分别增长到12万台和2.5万台，有了数倍的改善。乡镇拥有的垃圾中转站的数量也在缓慢增长中。镇、乡垃圾中转站拥有量分别从2007年的2.25万座和0.46万座增长到2016年的3.3万座和0.97万座。

（三）农村生活垃圾治理资金投入力度不大

农村镇、乡垃圾处理资金分别从2007年的13.83亿元、1.15亿元增加到2016年的78.57亿元、8.38亿元，占环卫资金的比例也有了明显提高，分别从35%、31%提高到48%、50%。2014—2016年，行政村垃圾治理资金投入从63.2亿元增长到110.33亿元，在金额上，支持力度远远高于乡镇垃圾处理资金投入，村环卫资金的比例也从37%提高到46%。这充分说明我国目前对农村地区垃圾问题，尤其是农村基层垃圾处理问题的重视。

（四）农村生活垃圾无害化处理率依然不高

农村生活垃圾处理已初见成效。首先是行政村总体的生活垃圾收集率和处理率提高。根据城乡统计年鉴，对生活垃圾进行处理的行政村比例和有生活垃圾收集点的行政村比例分别从2007年的10%、26.8%持续提高到2014年的48.2%和64%。分别增加了约38个百分点，垃圾收集和处理能力得到有效提升。2016年情况进一步改善，全国65%的行政村对生活垃圾进行了处理。但是，也有约四成的行政村垃圾收集点还是空白，近四成行政村的生活垃圾没有获得任何处理。其次，镇处理水平高于乡，但是无害化处理率都还不高。2016 年全国乡、镇生活垃圾处理率分别为 86.0% 和 70.4%。但是无害化处理率分别为 46.9% 和 17.0%。最后，垃圾处理的地区发展水平差异显著。东部地区远高于中西部地区。各项指标均高出 20—30 个百分点。贫困地区状况更差一些。到 2016 年，在 12.8 万个国家级建档立卡的贫困村中，有 47% 的村庄垃圾未得到收集，基本处于乱扔乱丢的状态。

四　加强农村生活垃圾治理的政策建议

（一）因地制宜推进农村生活垃圾分类，实现资源化利用

农村生活垃圾中 60% 以上的可堆肥类垃圾可直接就地处理，而且农村具有更好的垃圾分类场所，所以源头分类可实现显著的垃圾数量及其污染的减量化和资源化利用，减轻终端处理压力。可以通过典型经验的宣传推广和代表性市（区、县）的示范来推动农村生活垃圾分类工作。鉴于各地区经济条件和自然条件差异较大，农村垃圾治理基础参差不齐，各地区推行分类减量的目标和要求应有所不同，分类方式不宜在全国范围内"一刀切"，也不宜强制要求所有镇村必须进行源头分类减量。推动农村生活垃圾分类和资源化利用，要明确每类垃圾的处置去向，种类分得不能过细，要简单易懂、便于操作，且成本在当地政府和农民承受范围内。如浙江金华模式，由于其简便、易操作在实践中获得了较多采纳。同时还要加强宣传和教育，培养农民垃圾分类意识。例如，编写农村垃圾处理

读本、利用大众媒体宣教、印发宣传资料、组织观摩培训，以及组织中小学生参加相关环境教育活动等，促进农民垃圾分类和回收利用等良好的习惯养成。

（二）采用农村生活垃圾治理的多元化方式，提高处理率

垃圾处理体系建设应该秉持"减量化、资源化及再处理"的原则，在明确政府、企业和公民各自责任的前提下，建立和落实促进生活垃圾源头减量、资源化利用和无害化处理的各项管理机构、制度、机制、技术规范和标准。一是健全农村垃圾处理的环卫机构。有机构、有编制、有人员是垃圾处理工作成功的经验，最好能够做到城乡对接，解决好管理缺位的问题。二是因地推行不同的垃圾处理体系。在发达农村地区推行"户分类、村收集、镇转运、县处理"模式，在欠发达地区推行源头分类集运和分散无害化处理或其他资源化处理方式。收运和处理方法本着"就近"原则，灵活选择：离县级处理设施较近的垃圾，转运到县统一处理；离县级处理设施较远的，转运到乡镇处理；边远山区等交通不便的地区，尽量在村内进行无害化处理，避免二次污染。在此基础上，建立乡村保洁体系，利用和完善各种现有设施，改建和兴建垃圾中转站，建立覆盖村镇的资源回收体系。三是健全各项管理制度、垃圾处理技术规范，包括能够促进垃圾分类和资源回收利用的经济激励办法。

（三）加大资金保障力度，探索政府保底的多元投入机制

农村垃圾处理是一项公益事业兼民生工程，政府保底是责任。但是，农民作为受益主体，也应适当承担清洁费用。2014 年中央一号文件指出，要在有条件的地方建立住户付费、村集体补贴、财政补助相结合的公用设施管护经费保障制度。农村生活垃圾治理费用包括建设费用和运行费用。建设费用主要由政府出资解决，运行费用则应该由政府和村集体、村民共同承担。各级政府可以根据实际情况，探索以政府为主体的多元化资金投入机制。首先，应考虑将农村生活垃圾治理费用纳入地方政府财政预算，并逐年加大投入，用于保障设施设备建设和运行费用，以及垃圾清运所需经费，实现垃圾清理常态化。其次，要鼓励村集体出资和村民缴费，主要用于解决村庄保洁费用，包括垃圾分类减量、收集以及运输至本村集中堆放点的费用。最后，要支持地方积极探索引入市场机制，逐步将农村生活垃圾治理项目推向市场，通过市场化运作筹措资金。通过财政、税收和金融政策吸引社会力量和企业参与垃圾分类处理和资源化利用。例如，可对参与企业（如从事垃圾填埋、沼气发电项目）所得进行税收抵扣、优惠和减免。

（四）加大农村生活垃圾治理技术装备创新，实现绿色化

垃圾填埋，在严格按照技术规范进行消毒、覆土、防渗和排气等处理之后，应推行先进的渗液收集和处理技术，如反渗透的膜处

理技术，将水污染风险降到最低。相比填埋，垃圾的清洁焚烧具有占地少、污染小、安全性高等特点，既可以实现垃圾80%以上的减量，还可以提供热值或电力，符合垃圾处理减量化、无害化和资源化的终极目标，值得倡导。但是这种焚烧绝非污染空气和环境的"一烧了之"，而是高科技含量、无污染、高质量的清洁焚烧。应该加快垃圾焚烧技术标准制定，加强适用于农村地区的垃圾清洁焚烧技术研发。

（五）加强农村生活垃圾治理情况统计，实施精准化策略

当前，各级政府主管部门正在积极推进改善农村人居环境工作，统计评价和监督检查是促进农村垃圾处理事业发展、改善农村人居环境的重要手段，应该强化并落实到地方政府工作的考核机制中。为此，实施农村人居环境整治，推动农村生活垃圾治理中，做好生活垃圾治理情况的统计工作，提供准确的数据资料，为采取精准化策略提供支撑。

（六）完善政策法规体系，推进农村生活垃圾治理规范化

《中华人民共和国环境保护法》和《中华人民共和国固体废弃物污染环境防治法》是农村垃圾处理的主要法律依据。在农村垃圾处理法律缺失情况下，一方面，要抓紧制定相关法律法规，为农村垃圾处理提供不同层面、不同环节的法律依据；另一方面，应根据现有法律中关于固体废弃物的处理规定，出台农村生活垃圾的具体

管理办法或政策文件，进一步细化责任，明确防治要求。应尊重农村垃圾地域差异特点，积极推动以授权立法的形式将地方性农村生活垃圾污染环境防治的具体办法和规范交由各地自主制定。目前，上海、浙江、安徽等省市都分别制定了地方环境保护条例、地方农村环境污染防治规划或地方农村垃圾管理办法，可供其他省份借鉴。此外，需要不断完善农村生活垃圾处理的国家标准和技术规范。

第十一章　农村"厕所革命"实践创新与政策建议

原国家旅游局数据显示，自 2015 年在全国范围内启动三年旅游厕所建设和管理行动以来，截至 2017 年 10 月底，全国共完成新改建厕所 6.8 万座，超过目标任务的 19.3％。《农村人居环境整治三年行动方案》的实施，有效地推进美丽乡村建设，村容村貌明显提升。农村"厕所革命"、生活垃圾和污水处理取得显著进展。截至 2021 年年底，全国农村卫生厕所普及率超过 70％以上，生活垃圾进行收运处理的自然村比例稳定在 90％以上，农村生活污水治理率达28％左右，95％以上的村庄开展了清洁行动。

一　农村"厕所革命"的实践举措

（一）政策保障

政策支持为开展厕所革命奠定了坚实的基础，为各项工作的开展理顺了思路与发展方向。国家层面，原国家旅游局率先出台了有关"厕所革命"的政策文件，先后发布《全国旅游厕所建设管理三年行动计划（2015—2017）》《旅游厕所建设管理指南》等一系列文件，修订出台了《旅游厕所质量等级的划分与评定》等标准。随后，各省、市、县层面也相继推出了与"厕所革命"有关的配套实施方案。比如，在调研过程中，浙江省湖州市南浔区依据浙江省出台的《高水平推进农村人居环境提升三年行动方案》发布《南浔区农村公厕改造工作实施方案》；山东省菏泽市牡丹区出台了《关于做好 2016 年牡丹区农村卫生厕所改造工作的通知》（菏区政办电〔2016〕6 号）、《牡丹区农村改厕工作实施方案（2017—2018年）》（菏区政办电〔2017〕13 号）、《牡丹区农村改厕工作长效管护机制实施意见》（菏区政办电〔2017〕36 号）；郓城县住建局出台了《郓城县推进农村改厕工作的实施方案》（郓住建字〔2016〕105 号）；黑龙江省佳木斯市桦川县出台了《桦川县 2018年农村改厕工作实施方案（征求意见稿）》等实施方案或办法，有力地保障了农村地区"厕所革命"的推进。

（二）资金保障

在全国范围内开展如此规模的"厕所革命"，资金配套是关键，只有保证专项资金到位，才能够使"厕所革命"顺利开展。2003—2014 年，中央累计投入专项资金 82.7 亿元，改造农村厕所 2103 万户，农村卫生厕所普及率达到了 74.09%。实际调研发现，为充分发挥资金使用效益，各省均根据实际，推出了一系列的专项资金扶持，对于农村厕所改造给予了极大的帮助。山东省出台的《山东省农村改厕省级奖励补助办法》（鲁办发〔2015〕50号）、内蒙古自治区出台的《内蒙古自治区厕所建设管理三年实施方案（2018—2020年）》、江西省出台的《江西省"厕所革命"三年攻坚行动方案》、四川省出台的《四川省"厕所革命"实施方案（2017—2020年）》等文件均对"厕所革命"资金扶持给予了明确界定。在农户补贴层面，各省份也相继出台了专项资金给予补助，比如，山东省按照省、市、县各级部门300元/户的标准进行补助；黑龙江桦川县改造单户标准为5700元，其中政府补助4700元，普通农户自筹1000元，贫困户自筹500元。厕所改造专项资金的投放，在一定程度上提高了农民改厕的积极性。

（三）组织保障

农村改厕工程是一项事关农民健康、事关农民幸福感的系统性工程，不可能一蹴而就，需要各部门、各群体分批分步地有序开展，为此需要对农村改厕进行有效梳理，才能够保证改厕工作顺利开展。调研发现，各省市县均根据实际情况，大部分由县住建部门负责农村改厕工作，并提出了分步骤推进"厕所革命"的工作部署，如山东省菏泽市牡丹区辖19个镇办，城市规划区内辖5个办事处，规划区外14个镇办，全区农村人口89万人，20余万户。2012年由区爱卫会组织厕所改造8万余户，剩余11万余户需要改造，计划分三年完成。2016年计划改造46788户，现已改造43332户，占全年总任务的93%；2017年计划改造35090户，现已完成32865

户，占全年总任务量的94%；2018年计划完成33820户，正在全力推进。山东省郓城县需要改造187201户，预计2016—2018年三年时间完成农户无害化卫生厕所改造工作，三年计划完成户数分别为87201户、74670户、25330户，基本实现全县农村无害化卫生厕所全覆盖。黑龙江桦川县有农村户籍户数56847户，人口150543人，需要改厕22513户，计划总投资1.28亿元，其中国家投资6754万元，地方政府及农户投资6046万元。据此制订了改厕三年计划，其中2018年计划1830户，2019年计划3000户，2020年计划3000户。

二　农村"厕所革命"的成效

农村"厕所革命"是指对广大农村厕所进行改造的一项举措。从一定程度上来说，农村厕所是衡量农村文明程度的重要标志之一，改善农村厕所卫生条件，一方面直接关系到农村居民的健康，另一方面直接关系到农村环境状况。党中央、国务院高度关注农村"厕所革命"，并采取了一系列有效措施来破解这一乡村生态治理难题。

（一）村庄层面卫生厕所情况

统计数据表明，我国农村累计使用卫生厕所的户数由2008年的1.52亿户，增加到2016年的2.15亿户，是2008年的1.41倍，增加了0.63亿户［见图11-1（a）］；同时，我国农村卫生厕所的普及率也提高到一个新的高度，从 2008 年的 59.7%，提高到 2016 年的 80.3%，增加了 20.6 个百分点 ［见图 11-1 （b）］。

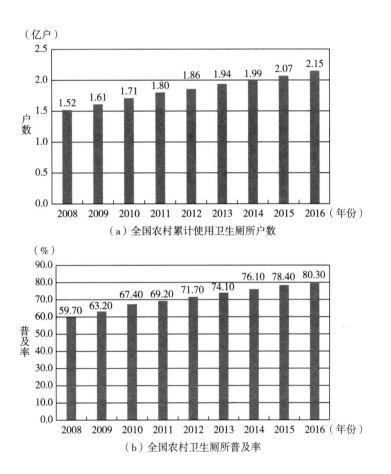

（a）全国农村累计使用卫生厕所户数

（b）全国农村卫生厕所普及率

图 11-1　我国农村卫生厕所情况

资料来源：根据《中国农村统计年鉴（2017）》中的数据整理得到。

有关数据表明，截至 2019 年，建有公共卫生厕所的村所占比例为 43.56%，建有户用无害化卫生厕所的村所占比例为 65.68%。东部地区的这两个数据分别高于全国平均水平 17.27 个、24.99 个百分点，中部地区分别低于全国平均水平 7.4 个、10.36 个百分点，西部地区分别低于全国平均水平 3.18 个、5.28 个百分点。同时，58.66% 的村已经实现了粪污资源化利用。

（二）农户层面卫生厕所情况

统计数据表明，我国东部地区农村累计使用卫生厕所的户数由 2008 年的 0.67 亿户，增加到 2016 年的 0.88 亿户，是 2009 年的 1.31 倍，增加了 0.21 亿户；我国中部地区农村累计使用卫生厕所的户数由 2008 年的 0.52 亿户，增加到 2016 年的 0.68 亿户，是 2009 年的 1.31 倍，增加了 0.16 亿户；我国西部地区农村累计使用卫生厕所的户数由 2008 年的 0.33 亿户，增加到 2016 年的 0.58 亿户，是 2009 年的 1.76 倍，增加了 0.25 亿户 ［见图 11-2（a）］。总体来讲，东部地区农村卫生厕所使用户数最多，西部地区农村卫生厕所使用户数的增加速度最快。

同时，我国东、中、西部地区农村卫生厕所的普及率也提高到一个新的高度，东部地区从 2009 年的 76.4%，提高到 2016 年的 90.8%，增加了 14.4 个百分点；中部地区从 2009 年的 61.2%，提高到 2016 年的 77.5%，增加了 16.3 个百分点；西部地区从 2009 年的 42.9%，提高到 2016 年的 69.1%，增加了 26.2 个百分点 ［见图 11-2（b）］。总体来说，东部地区农村卫生厕所普及率水平最高，远高于全国平均水平 80.3%，中部地区农村卫生厕所普及率增速平稳，已接近全国平均水平，西部地区农村卫生厕所普及率增速迅猛，但距全国平均水平还有一定的距离。

　　新时代，农村作为全面建成小康社会的主阵地，没有农村的全面小康，就没有全国的全面小康。中国要美，农村必须美。厕所问题是事关农村人居环境健康的重要问题。党中央将"厕所革命"作为乡村振兴战略和农村生态文明建设的重要内容，并从战略上进行了部署，凸显了这一工程的重大意义。

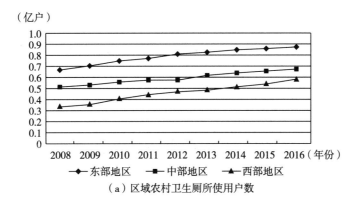

（a）区域农村卫生厕所使用户数

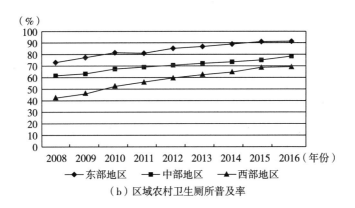

（b）区域农村卫生厕所普及率

图 11-2　东、中、西部地区农村卫生厕所情况

注：图中的数据不包括西藏自治区。

资料来源：根据 2009—2017 年《中国农村统计年鉴》中的数据整理得到。

调研数据表明，72.49%的农户修建了无害化卫生厕所，93.97%的农户表示厕所能够日常使用。没有日常使用无害化卫生厕所的原因主要包括两个方面：一是主观因素，有17.69%的农户认为"不习惯"。二是客观因素，有9.23%的农户认为"质量问题影响使用"等。

由于不同区域地方政府的推进力度不同，农村"厕所革命"情况表现出明显的区域差异性。东部地区进行改厕的农户比例为93.60%，中部地区、西部地区的农户比例分别为64.82%、65.82%，而东北地区的农户比例最低，仅为34.32%。

三　农村厕所改造中存在的问题

现阶段在政府的政策和资金的支持下农村"厕所革命"如火如荼地展开，并取得了一定的成果，卫生无害化厕所的普及率显著提高。但是距离2020年实现农村的卫生厕所普及率达到85%还有很大差距，仍然有许多地区在使用非无害厕所，极易造成周围环境和水体污染；已改成厕所质量不高，影响了粪便无害化的处理效果；厕所重建设轻管理的现象仍然比较普遍。

（一）改厕整体进程缓慢

在政府对"厕所革命"的推进下，一些经济较好、群众卫生意识较强的地区和村庄基本完成了对于旧有的厕所改造和建设。随着深入推进，现有的尚未改厕的地区大多是经济条件较差、地形条件不方便，没有能力建设的生活贫困地区，这些地区大多数人对于改厕积极性不高，无害化卫生厕所的普及率仍然较低。尤其在地形条件没有优势、自然灾害较多的地区改厕进程缓慢，大部分村庄没有达到农村公厕建设标准，大部分地区仍然使用旧有的非无害化厕所。资金投入的不均衡，以及自然地理条件的制约，使各地改厕进程快慢不一，影响了整体上无害化卫生厕所的普及率的提高。

（二）改厕方案模式不规范

广大农村地区在自然气候、区位条件以及经济发展水平上千差万别，既有山区分散的居住形式，也有平原的集中形态；既有气候相对温暖的南方村庄，也有冬季寒冷的漫长的北方村庄；既有离城市较近的富裕村，也有正在摘帽的贫困村。厕所改造建设应该结合实际情况，在充分考虑人口、使用率以及后期管理等条件，合理做出选择。很多地区进行改造时没有与当地实际进行创新，大多数地区几乎都采取相同的改厕方式，没有做到因地制宜。在北方开始厕改较早的甘肃等地建设水冲式厕所，在北方寒冷又没有暖气的地区，极易结冰，在没有适当的保暖措施的农村地区建造最终遭到废弃。

（三）改厕材料质量不达标

多地的卫生厕所在建成后几近废弃，当问及为什么不使用卫生厕所时，得到的答案是厕所设施容易损坏，损坏后无法继续使用。

进一步调查发现，厕所设施建设中使用了一些质量不高的廉价产品，如一个坐便器只有 200 元。经专家查验，发现个别村采购的预制式三格化粪池的材质较差、强度不够，部分已经填埋的化粪池出现开裂、变形等问题。另外，化粪池内的隔板厚度较薄且尺寸不吻合造成缝隙较大、无法使第一格、第二格、第三格之间达到密闭效果，粪便不经过预设的过粪管即可由第一格流入第二格或第三格，无法进行彻底的厌氧发酵处理，不能达到无害化卫生厕所要求。个别村已改造的户厕三格化粪池的坑底地基没有采用规定厚度的混凝土做基础，可能会导致化粪池因三格间重量不平衡出现不同沉降、变形，严重时可能会导致渗漏，污染土壤和水源。在厕具采购中质量不达标的现象很多，给居民后续使用过程中造成极大不方便，有的居民暂停使用，或者重新用起了旧的旱厕，给生活造成不便，使厕所改造成了政府为完成考核目标而真正的"面子工程"。

（四）重建设轻后期管理

农村厕所"重建设、疏管理，建得快、坏得快，有人建、没人管"的问题仍然在很多地方普遍存在。目前，各地的改厕工作一般是由政府承揽，然后交给相关部门执行建设，但在硬件设施完成后，缺乏对农户家庭使用情况进行跟踪管理、反馈，缺乏长效、可持续性管理机制。且厕所改建是一项系统性的工程，尤其是对于一些自来水供应和污水排放处理情况不甚乐观的地区，还未建立污水管网，只能使用三格化粪池式简易水冲厕所，这种情况下厕所粪污会不断积累。目前的粪污主要靠农户自己处理或由村级卫生员有偿服务处理，长此以往，更是成为负担。在只有老人或者小孩居住的家庭、丧失男性劳动力或者低收入家庭，在化粪池堆积满后如果无人收取，更是会导致新建厕所废弃。这些都对农村改厕的长期管理提出挑战，对于未改厕家庭也会造成不好的影响。同样由于改厕将卫生厕所变为了私人物品，具有竞争性和排他性，但是农村公共厕所的问题凸显出来。农村公共厕所在建成后由于没有专门的管理单位，公共物品的属性使环境卫生和使用难以规范，长时间没人管理，脏乱差的现象随处可见，有的公共厕所为了减少管理、维护的相关费用甚至直接关闭停用。

（五）改厕模式缺乏系统思维

当前农村厕所革命普遍采用化粪池模式，与传统旱厕相比具有一定的优越性，但依然有进一步提升的空间。一是该模式对厕所内部进行了较好的改造，实现了由旱厕向水冲式厕所的根本转变，厕所环境得到极大的改善。但对化粪池内的粪污并没有采取有效的治理措施，容量达到一定程度，还需要村集体或社会化组织进行抽取，每次收取农民一定的费用。二是该模式没有统一考虑家庭生活污水的处理问题。在河南省驻马店市调研时发现，一些县市采取有效措施推进农村人居环境整治，农民对整治成效也非常满意。但对"厕所革命"、生活污水处理采用的是两套设施，设施建设与维护成本相对较高。三是该模式多关注工程建设，对实效重视不高。基层调研发现，一些地方为完成三年行动方案确定的目标，往往把重点放在改厕工程建设上面，按照上级部署的数量要求完成改厕任务，而没有关注改厕后的实用性。

四 高质量推动农村"厕所革命"的政策建议

改善农村人居环境，是实现乡村生态振兴的重要内容，事关广大农民根本福祉，事关农民群众健康，事关美丽宜居乡村建设。"厕所革命"一直都是农村人居环境整治的短板与弱项。"十四五"时期，推进"厕所革命"要坚持数量服从质量，进度服从实效，实现"厕所革命"质量再提升。

（一）强化宣传引导，科学对待系统治理方式

充分发挥舆论导向作用，通过群众喜闻乐见的方式进行宣传，大力传播农村改厕的重要意义、经验做法和正确使用方法，切实增强农村群众的积极性、主动性，转变群众卫生观念和生活习惯，科学使用无害化厕所。同时，加强对基层干部的无害化厕所使用培训，让村内党员干部教着做、带头做、示范做，并达到以"训"促"宣"的效果。改厕工作要先易后难、以点带面，让有条件的村和自愿改厕的群众先改，充分发挥典型示范作用，稳步推进农村改厕工作。

山东省莱芜区在推进农村人居环境整治中，统筹考虑厕所革命与生活污水的一体化处理，所采取的一体化系统模式，在引进日本净化槽技术的基础上，结合中国农村的实际，通过微生物对生活污水、粪污的有效降解，实现污水、粪污的深度处理、净化及循环利

用。该模式具有一定的推广价值，助力高质量推动"厕所革命"。

一是同一套设施解决"厕所革命"与生活污水两大难题。该模式下，厕所粪污、家庭所有生活污水均进入处理设施，在相互连接的不同罐体中，通过微生物菌群的多重降解作用，实现废水的达标排放。同时，避免了粪污的二次抽取，也减少了农民负担。

二是该模式具有较强的适宜性。该模式既可以用于单个农户，如莱芜区林家庄村、城子县村，都是单家单户建设处理系统，有效地改善了院落环境，农户对此非常满意。该模式也可以集中联户使用，如莱芜区下水河村、栖龙湾村，都是集中居住社区，全村建有一套大容量处理设施，有效地处理了全村的厕所粪污及生活污水，成为山东省推动农村人居环境整治的典范。

三是该模式具有较好的区域推广范围。既适宜于平原地区，也适宜于山区丘陵地区；既适宜于水资源丰富地区，更适宜于水资源短缺地区；设施既可以建于室内，也可以建于院内，以及房前屋后。由此表明，该模式具有较好的可推广价值。

（二）坚持实事求是，因地制宜选择改厕模式

《农村人居环境整治提升五年行动方案（2021—2025 年）》也对"十四五"时期推动农村厕所革命进行了全面系统的部署。2022年中央一号文件明确提出，从农民实际需求出发推进农村改厕，具备条件的地方可推广水冲卫生厕所，统筹做好供水保障和污水处理等。这些为实现"十四五"时期农村厕所革命质量再提升提出了要求，指明了方向。推动厕所革命最根本的原则，就是坚持因地制

宜、实事求是。

一是要因地制宜选择改厕模式。基于对不同区域广大乡村的深入研究,依据区域气候、地理地貌、社会经济以及民族民俗等因素,在全面总结实施三年行动方案中"厕所革命"的成功经验及教训,提出不同区域改厕的一系列模式,扩大模式选择的空间。

二是在适宜区域推广一体化处理的系统模式。做好推广工作的前提,就是对该模式进行科学评估,甄别推广应用中需要解决的关键问题,据此确定适宜的推广范围。特别是,应充分考虑山区、丘陵、平原地区的不同地貌特征,城镇郊区、边远地区农村不同的社会经济条件、居住特点等,确定具体方式。一般而言,平原地区农村更适宜采取单户,集中居住的中心村等采取集中处理模式较为合适。而南方山区丘陵地带,由于地形优势,较适宜采取联户方式。

三是系统评估三年行动方案后"厕所革命"状况。通过第三方评估,对改厕成效进行科学评判,并甄别实现"厕所革命"质量提升需要解决的关键问题。同时,对照"十四五"时期乃至2035年远景目标,科学评判当前"厕所革命"还存在多少差距、重要任务及区域分布,以采取更加精准的措施加以整治提升。

(三) 创新投入机制,保障"厕所革命"所需资金

一是加大各级政府财政资金投入。在国家层面、省级层面,应根据"厕所革命"的需求,进一步加大财政资金投入力度,切实做到公共财政更大力度向乡村倾斜,并逐步建立公共财政投入的稳定增长机制,为"厕所革命"持续提供资金保障;在市级层面、县级

层面，应依据当地财政状况，将"厕所革命"所需资金纳入每年的财政预算，作为国家、省两级财政资金投入的有效补充。

二是逐渐完善多元化的融资机制。充分发挥社会资本的作用，但需要注意的是，基层政府在引进社会资本时，需要认真研究社会资本在短期、中期、长期产生的正面效应，同时更要分析存在的潜在问题，尤其是政府的债务风险问题。此外，积极探索农民付费机制。在推进"厕所革命"中，有条件的地方可依规探索农民付费机制，以体现村民的责任，以利于改厕后的永久利用。

三是加大专项资金投入，拓宽资金投入渠道。农村改厕是一项卫生健康及环境质量的投资，各级政府应完善农村改厕优惠政策，加大无害化卫生厕所改造建设支持与扶持力度，提高补助资金标准，强化建设质量，部分贫困地区，应结合扶贫工作，提高贫困村和贫困户的改厕补助标准。建议整合涉及农村改厕项目资金，将"碎银子"集中起来办大事。以中央和省、市、县财政农村改厕资金和农村清洁工程、农村环境连片整治等专项资金为引导，农业、能源、卫生、住建等部门涉及农村改厕项目资金一同投向整治村庄，推动农村卫生厕所普及。各县要建立资源化管理机构，对现行相关资金使用管理制度进行研究和统筹协调，根据各村实际和群众意愿，因地制宜，使各项项目相互衔接，避免交叉重叠建设，并通过改厕，带动农村改厨、节能、环境整治工作发展。

同时，可试行厕所改造直补制度。项目补助资金可通过农民在农村信用联社的账户直接发放到改厕农户。村委会采用张榜公示补助农户名单和补助资金数额，有关部门凭公示照片和核查情况拨付补助资金，保障补助资金足额发放到改厕农户手中。农户必须实名签领补助资金，不得代签领。同时，拓宽资金筹集渠道，鼓励多方资金共同参与，解决资金短缺"瓶颈"。

（四）建立协作机制，促进厕所革命有效管护

农村改厕工作必须在各级政府统一领导下，协调各方，齐抓共管。针对目前农村改厕工作存在的后期维护困难，农村改厕工作要按照市场化运作模式，鼓励企业或个人出资进行改厕后检查维修、定期收运、粪渣资源利用等后续工作，形成管收用并重、责权利一致的长效管理机制。

参考文献

蔡进等：《新型农村社区人居环境变化研究——以重庆市忠县天子村社区为例》，《西南大学学报》（自然科学版）2013年第10期。

陈水光等：《农村人居环境合作治理的理论阐释及实现路径——基于资本主义经济新变化对学界争论的重新审视》，《福建论坛》（人文社会科学版）2020年第1期。

陈永根等：《发达地区农村固体废弃物管理与资源化策略》，《浙江农林大学学报》2015年第6期。

范彬：《美国乡村污水管理经验与启示》，《中国建设信息（水工业市场）》2009年第10期。

范彬等：《美国和日本乡村污水治理的组织管理与启示》，《中国给水排水》2009年第10期。

郜慧等：《中国省域农村人居环境建设评价及发展对策》，《生态与农村环境学报》2015年第6期。

葛燕林、郭培培：《农村人居环境整治重在建立长效机制》，《学习时报》2021年4月14日第8版。

韩智勇等：《中国农村生活垃圾的产生量与物理特性分析及处理建议》，《农业工程学报》2017年第15期。

何品晶等：《村镇生活垃圾处理模式及技术路线探讨》，《农业环境科学学报》2014年第3期。

何晟、钱丽燕：《日本东京23区生活垃圾处理现状及启示》，《环境保护与循环经济》2010年第1期。

侯敬、王慧：《山东省农村人居环境评价研究》，《曲阜师范大学学报》2015年第4期。

胡洋：《农村人居环境合作治理的制度优势与实现路径》，《云南社会科学》2021年第2期。

黄春蕾：《论我国城市污水处理市场化过程中的政府职能》，《中国人口·资源与环境》2004年第5期。

鞠昌华等：《我国农村人居环境整治配套经济政策不足与对策》，《生态经济》2015年第12期。

鞠昌华等：《我国农村生活污水治理问题及对策研究》，《环境保护》2016年第6期。

李斌等：《曝气生物滤池处理农村生活污水效率与微生物群落分析》，《水利学报》2017年第12期。

李伯华、曾菊新：《基于农户空间行为变迁的乡村人居环境研究》，《地理与地理信息科学》2009年第5期。

李伯华等：《乡村人居环境系统的自组织演化机理研究》，《经济地理》2014年第9期。

李缙荣等：《污水处理综合系统环境经济效益评估》，《应用生态学报》2015 年第 8 期。

李宪法、许京骐：《北京市农村污水处理设施普遍闲置的反思（Ⅱ）——美国污水就地生态处理技术的经验及启示》，《给水排水》2015 年第 10 期。

李裕瑞等：《人居环境质量对乡村发展的影响——基于江苏省村庄抽样调查截面数据的分析》，《中国人口·资源与环境》2020 年第 8 期。

梁祝、倪晋仁：《农村生活污水处理技术与政策选择》，《中国地质大学学报》（社会科学版）2007 年第 3 期。

刘泉、陈宇：《我国农村人居环境建设的标准体系研究》，《城市发展研究》2018 年第 11 期。

鲁圣鹏等：《农村生活垃圾治理典型模式比较分析与若干建议》，《世界农业》2018 年第 2 期。

吕建华、林琪：《我国农村人居环境治理：构念、特征及路径》，《环境保护》2019 年第 9 期。

吕立才、陈佳威：《美国农村垃圾管理服务的经验借鉴》，《世界农业》2017 年第 5 期。

马婧婧、曾菊新：《中国乡村长寿现象与人居环境研究——以湖北钟祥为例》，《地理研究》2012 年第 3 期。

苗艳青等：《农村居民环境卫生改善支付意愿及影响因素研究——以改厕为例》，《管理世界》2012 年第 9 期。

彭超、张琛：《农村人居环境质量及其影响因素研究》，《宏观质量研究》2019 年第 3 期。

齐琦等：《基层组织嵌入农村人居环境治理：理论契合、路径选择与改革方向》，《中国农业大学学报》（社会科学版）2021 年第 2 期。

沈东升等：《农村生活污水地埋式无动力厌氧处理技术研究》，《农业工程学报》2005 年第 7 期。

沈丰菊等：《基于模糊积分模型的农村生活污水处理模式综合评价方法》，《农业工程学报》2014 年第 15 期。

沈峥等：《中国"厕所革命"的现状、问题及其对策思考》，《中国环境管理》2018 年第 2 期。

史磊、郑珊：《"乡村振兴"战略下的农村人居环境建设机制：欧盟实践经验及启示》，《环境保护》2018 年第 10 期。

孙勤芳等：《农村环境质量综合评估指标体系研究》，《生态与农村环境学报》2015 年第 1 期。

孙兴旺等：《中国重点流域农村生活污水处理现状及其技术研究》，《中国农学通报》2010 年第 18 期。

唐宁等：《重庆市乡村人居环境质量评价及其差异化优化调控》，《经济地理》2018 年第 1 期。

唐志坚等：《农村水环境的生态治理模式与技术探讨》，《污染防治技术》2008 年第 1 期。

王宾、于法稳：《"十四五"时期推进农村人居环境整治提升的战略任务》，《改革》2021 年第 3 期。

王栋等：《生活垃圾焚烧炉渣湿法处理工艺技术剖析》，《环境工程》2017 年第 2 期。

王金霞等：《农村生活固体垃圾的排放特征、处理现状与管理》，《农业环境与发展》2011 年第 2 期。

王晓毅：《打好三大攻坚战，乡村环境问题十分关键》，《国家治理》2018 年第 2 期。

王晓宇等：《中国农村人居环境问题、收入与农民健康》，《生态经济》2018 年第 6 期。

谢卫平等：《关于农村生活污水排放标准的思考》，《环境科学与管理》2013 年第 4 期。

徐顺青等：《农村人居环境现状分析及优化对策》，《环境保护》2018 年第 19 期。

许明珠等：《地方农村生活污水处理设施水污染物排放标准制订研究——以浙江为例》，《环境保护》2017 年第 10 期。

严岩等：《美国农村污水管理经验及对我国的启示》，《环境保护》2008 年第 15 期。

杨锦秀、赵小鸽：《农民工对流出地农村人居环境改善的影响》，《中国人口·资源与环境》2010 年第 8 期。

杨晓英等：《中国农村生活污水处理现状与发展对策——以苏南农村为例》，《复旦学报》（自然科学版）2016 年第 2 期。

杨兴柱、王群：《皖南旅游区乡村人居环境质量评价及影响分析》，《地理学报》2013 年第 6 期。

于法稳：《"十四五"时期农村生态环境治理：困境与对策》，《中国特色社会主义研究》2021 年第 1 期。

于法稳：《当前美丽乡村建设几个突出问题》，《人民论坛》

2014 年第 13 期。

于法稳：《基于健康视角的乡村振兴战略相关问题研究》，《重庆社会科学》2018 年第 4 期。

于法稳：《乡村振兴战略下农村人居环境整治》，《中国特色社会主义研究》2019 年第 2 期。

于法稳：《新型城镇化背景下农村生态治理的对策研究》，《城市与环境研究》2017 年第 2 期。

于法稳等：《新时代农村人居环境整治的现状与对策》，《郑州大学学报》（哲学社会科学版）2018 年第 3 期。

于宁：《我国农村污水处理技术研究进展》，《安徽农业科学》2014 年第 11 期。

袁家军：《高质量推进农村人居环境提升　全力打造现代版"富春山居图"》，《农村工作通讯》2018 年第 10 期。

张建军：《中国要美　农村必须美》，《农村工作通讯》2015 年第 7 期。

张军等：《江苏地区农村生活污水治理存在问题与对策研究》，《环境科学与管理》2015 年第 1 期。

张萌等：《基于农民主体视角的村庄环境整治满意度研究——以江苏省 4 个地区的调查为例》，《中国农业资源与区划》2018 年第 4 期。

张增胜等：《农村生活污水分散处理技术研究进展》，《污染防治技术》2008 年第 6 期。

中国社会科学院农村发展研究所课题组：《农村全面建成小康

社会及后小康社会时期乡村振兴研究》，《经济研究参考》2020年第9期。

周侃等：《京郊新农村建设人居环境质量综合评价》，《地理科学进展》2011年第3期。

周文理等：《我国村镇生活污水治理技术标准体系构建的探讨》，《给水排水》2018年第2期。

周晓芳等：《基于BP神经网络的贵州3个喀斯特农村地区人居环境评价》，《华南师范大学学报》（自然科学版）2012年第3期。

朱彬等：《江苏省乡村人居环境质量评价及空间格局分析》，《经济地理》2015年第3期。

朱亮等：《三峡典型区农村居民点格局及人居环境适宜性评价研究》，《长江流域资源与环境》2011年第3期。

朱琳等：《农村人居环境综合整治技术管理政策不足及对策》，《生态与农村环境学报》2014年第6期。